NOTA BENE
Les pires batailles de l'histoire

BENJAMIN BRILLAUD

NOTA BENE
Les pires batailles de l'histoire

Illustré par Arcady Picardi

**Robert
Laffont**

© Éditions Robert Laffont, S.A., Paris, 2016
ISBN : 978-2-221-19304-4

À mon père qui, je pense, aurait aimé ce livre.
À mes enfants qui, j'espère, le liront un jour.

Introduction

Quelle incroyable aventure que celle d'écrire un livre ! On en a un jour l'idée, on creuse, on cherche, on doute, on s'arrête, on reprend et on se lance finalement. Chaque jour on se dit : « Bon sang ! Je ne vais jamais y arriver ! » Et pourtant, petit à petit, ce livre s'étoffe, se construit et prend forme. J'ai encore du mal à croire que mon choix, en août 2014, de prendre ma caméra pour me filmer dans mon salon puisse me conduire aujourd'hui à poser ces lignes, concrétiser un rêve de gosse et faire partager ma passion.

Il faut bien le dire, de mon point de vue d'adolescent, l'histoire, c'était souvent très chiant – comme apprendre par cœur une poésie particulièrement longue, puis réciter de façon mécanique un texte qui ne trouvait finalement aucun écho dans notre monde actuel. Quand mon grand-père me parlait, il concluait ainsi souvent la discussion avec ce point final qui empêchait tout échange : « Crois-en mon expérience, tu verras quand tu seras grand. » Quand on me parlait d'histoire, on me disait la même chose. C'est important, c'est intéressant et, même si aujourd'hui tu ne t'en rends pas compte, tu le comprendras sans doute plus tard... Je suis bien obligé d'admettre aujourd'hui que le grand-père, il avait raison !

Mais alors pourquoi ? Pourquoi ce rejet si précoce d'une discipline capable de nous aider à mieux appréhender le monde dans lequel nous vivons ? Et si tout ça n'était qu'un problème de forme ? Quand on sert un plat d'épinards et de poisson à ses enfants, ça ne leur fait pas vraiment envie. Pourtant si on prend la peine de dessiner une bouche avec les épinards, de couper le poisson en deux pour faire des yeux et d'ajouter une touche de ketchup pour le nez, on suscite immédiatement un peu plus d'envie pour ce repas qui, au départ, ne semblait guère appétissant... Pour nous, c'est presque pareil, peu importe le domaine, nous restons toujours d'éternels enfants. La forme est aussi importante que le fond pour transmettre efficacement un savoir et stimuler la curiosité.

Ce livre, je l'ai voulu à l'image de mon site Nota Bene, simple et accessible. En prenant pour base de départ des batailles qui ont mal tourné, on peut finalement aller au-delà de la simple analyse militaire. La bataille, en tant que telle, exhale un goût d'inattendu, avec des notes spectaculaires, dramatiques, mais autour d'elle se passent bien d'autres choses. Chaque bataille est ainsi replacée dans son contexte afin d'en saisir les ressorts et les enjeux.

INTRODUCTION

Lorsqu'on aborde, par exemple, le désastre de la baie des Cochons en 1961, on évoque souvent les relations tendues entre les États-Unis et Cuba. Mais pourquoi ne pas remonter à l'origine même de ce conflit ? Pourquoi ne pas revenir près de cent ans en arrière pour examiner les relations qui unissaient ces deux pays ? Un formidable enchaînement d'événements improbables, de jeux politiques et d'affrontements se déroule alors sous nos yeux. On voit la société évoluer, on commence à comprendre comment les choses ont pu se passer ainsi et, paradoxalement, on prend du recul sur notre propre monde en se disant : « Tiens, c'est étrange, ce qui est en train de se passer là-bas me rappelle furieusement quelque chose... »

Depuis tout jeune, je suis également un amoureux de cinéma. Or la mise en scène peut grandement servir la compréhension historique si elle est utilisée à bon escient. Chaque chapitre est ainsi accompagné de nombreuses illustrations, réalisées par Arcady Picardi, qui, je l'espère, plongeront le lecteur dans ces époques incroyables. Ces dessins sont la traduction d'une vision d'artiste, ils ne sont pas totalement fidèles à la réalité, mais ils permettent de nous imprégner d'une ambiance, d'un lieu, d'un personnage ; dès lors on va pouvoir s'attacher à l'histoire et avoir envie de pousser un peu plus loin notre curiosité.

Si les mots sont forts, l'histoire peut paraître froide, voire désincarnée. C'est pourquoi il faut la rendre vivante et chaleureuse, sans pour autant dénaturer les faits. Chaque bataille comporte ainsi une petite partie

« fictionnée » qui me tenait à cœur, dans laquelle je mets en scène des protagonistes, réels ou imaginaires. Puisqu'il est important de ne pas induire le lecteur en erreur, cette parenthèse romanesque dans le récit historique est agrémentée d'annotations en bas de page afin de démêler le vrai du faux.

Enfin, chaque fin de chapitre s'ouvre sur le monde, car si l'on sait tous très bien ce qu'il s'est passé en 1789 en France, on peut aussi se demander ce qu'il se passait pendant ce temps-là ailleurs dans le monde. Cette réflexion est tout à fait légitime, puisque notre monde ne tourne pas autour de notre seule nation, et qu'une multitude d'événements se croisent, se chevauchent, s'entrechoquent durant la même époque. Il serait dommage de se priver de ces connaissances. Sans prétendre couvrir un panorama global du monde à un instant t, cette petite partie éclairera le lecteur sur quelques événements remarquables.

L'histoire est absolument passionnante et davantage encore quand on prend conscience que c'est nous-mêmes qui la façonnons aujourd'hui. C'est pour cela qu'elle doit être accessible au plus grand nombre, loin d'un élitisme qui peut être tenté de désavouer certaines initiatives jugées iconoclastes. Nous sommes tous porteurs d'un savoir, aussi petit soit-il. Il est important de pouvoir le partager et de le confronter avec d'autres afin de le corriger si nécessaire.

INTRODUCTION

Cet engouement pour l'histoire se prolonge aujourd'hui sur Internet, je trouve cela formidable. Il s'agit d'un véritable renouveau de la culture populaire où chacun transmet à son échelle et avec ses compétences son savoir. Je suis très fier d'apporter ma modeste pierre à ce mouvement qui perdurera encore longtemps. Je n'ai pas la prétention de faire œuvre d'historien en publiant ce livre, mais j'espère de tout cœur pouvoir intéresser un public qui, il y a encore peu de temps, n'aurait jamais envisagé de s'attaquer à un ouvrage sur les croisades ou la Révolution française...

PLAGE ∝ MARATHON

490 AV J-C

CAVALERIE PERSE
INFANTERIE PERSE
ATHÉNIENS
PLATÉENS

1
Marathon, une course contre la montre

Au VIIIe siècle avant notre ère, un monde qu'on ne soupçonnait pas pointe le bout de son nez et des hommes jettent les bases d'une civilisation extraordinaire qui influence l'Occident aujourd'hui encore. Les Grecs, héritiers directs des Mycéniens, fondent une multitude de petites villes qui nouent aussitôt des contacts commerciaux entre elles. Rapidement, ces villages s'étendent pour se transformer en cités, abritant parfois plusieurs milliers d'habitants. Les échanges sont de plus en plus nombreux, la colonisation du littoral rapide. Plus de deux siècles plus tard, les Grecs sont partout. Maîtres d'une multitude de ports et de villes le long de la mer Méditerranée, ils ont tissé un réseau solide qui leur promet un avenir florissant.

Cependant, chaque cité est indépendante, possède sa propre politique, sa propre ligne de conduite, bref, son identité. Dans un premier temps, la plupart de ces villes sont dirigées par un seul homme, certes parfois épaulé d'un conseil, mais on est loin de l'image de la démocratie que peut nous évoquer la célèbre Athènes. Au rythme des alliances et des trahisons, ces propriétaires terriens gèrent donc leurs affaires comme bon leur semble et, progressivement, certaines cités prennent énormément d'importance : Corinthe, Thèbes, Argos, Sparte, Athènes, autant de cités qui, près de deux mille cinq cents ans plus tard, évoquent une certaine idée de la Grèce antique.

Ces cités ont des relations complexes entre elles, et si certaines, telles que Sparte et Athènes, n'ont pas vraiment la même vision du monde, des causes communes les rassemblent pour en faire une force de guerre redoutable. Une bonne nouvelle compte tenu de la montée en puissance d'une civilisation établie depuis des générations, non loin de là : les Perses.

Au VIᵉ siècle av. J.-C., Cambyse Iᵉʳ, roi des Perses, meurt. Son fils Cyrus II prend alors la tête de la dynastie des Achéménides. La situation dans la région est préoccupante, de nombreux royaumes se querellent et Cyrus rêve d'un empire dans lequel il pourra rassembler à la fois son peuple et ses anciens adversaires. C'est dans ce but qu'il lance une campagne d'invasion contre les Mèdes, ses principaux voisins. Après les avoir soumis, non sans mal, il s'attaque aux Lydiens, puis aux Babyloniens. À la fin de sa vie, de nombreux territoires ont rejoint l'Empire perse, y compris en Asie centrale.

La force de Cyrus est, au-delà des tactiques diplomatiques et militaires, de ne pas imposer sa culture, sa religion ou encore sa politique aux royaumes vaincus. Il fait preuve d'une grande ouverture d'esprit et prône la tolérance dans son empire. À plusieurs reprises, il laisse d'ailleurs un roi vaincu à la tête de son peuple, lui demandant simplement de lui prêter allégeance. Cette politique, en trente ans à peine, mène l'Empire perse vers des sommets. Quand Cyrus II meurt, il laisse la place à son fils Cambyse II, qui poursuit son œuvre en annexant Chypre et la Phénicie, puis en conquérant le royaume d'Égypte. En 522 av. J.-C., Cambyse meurt à son tour et son frère Bardiya reprend le trône pour quelques mois seulement. Sans que l'on sache précisément ce qui se passe à cette époque de grands troubles, il est possible qu'un usurpateur, le mage Gaumata, ait assassiné Bardiya et pris sa place à la tête de l'empire. La situation qui en découle est instable et les généraux de l'empire décident de tuer leur vrai-faux roi.

En 521 avant notre ère, Darius Ier, un des généraux qui ont participé à la chute de Bardiya – ou de son usurpateur –, endosse le titre de Grand Roi, régnant de fait sur l'Empire perse et sur l'Égypte. Si Darius reste dans l'Histoire comme un des plus éminents souverains perses, il essuie pourtant une vague de contestations dans l'empire, où de nombreuses cités émettent des doutes sur sa légitimité à gouverner. Il doit mater de nombreuses révoltes et consolider son image en entreprenant de grands travaux, notamment la construction d'une nouvelle capitale : Persépolis. Toutefois, certaines cités ont toujours la volonté de s'émanciper du pouvoir perse, notamment dans la région grecque de l'Ionie, où près d'une dizaine de cités se rapprochent doucement mais sûrement des valeurs démocratiques athéniennes.

La célèbre cité de Milet décide alors de rentrer en rébellion, en 499 av. J.-C. Sous le commandement d'Aristagoras, la ville établit un nouveau mode de fonctionnement politique sur le modèle athénien. Le tyran, qui n'est autre qu'un chef populaire – la signification du mot a bien évolué depuis –, décide d'aller quérir des renforts auprès de Sparte et d'Athènes. Seuls les Athéniens et les Érétriens répondent à l'appel : ils envoient plus d'une vingtaine de navires qui apportent un support non négligeable dans l'attaque de la cité de Sardes, la capitale régionale perse. Si une bonne partie de la ville est incendiée, c'est un échec pour les rebelles qui perdent beaucoup de troupes. Athènes, voyant que les choses sont mal engagées, retire son soutien et laisse Aristagoras seul face à l'empire. Après quelques victoires et une résistance vaillante, le chef des insurgés meurt, la rébellion est écrasée. Il faut tout de même près de six ans à Darius pour régler ce conflit, désormais conscient que les cités grecques peuvent représenter un frein considérable au développement de son empire dans la région.

En 492 av. J.-C., le Grand Roi décide d'envoyer une flotte pour punir les Grecs qui ont apporté leur soutien à la rébellion. Son objectif est double : s'emparer de nouvelles cités et sécuriser ses positions arrière pour se concentrer sur son véritable objectif, l'Asie Mineure. Cette formidable armada est placée sous le commandement d'un général perse, Mardonios, qui n'est autre que le gendre de Darius Ier. Toutes voiles dehors, il vogue vers les régions de la Macédoine et de la Thrace, au nord de la Grèce actuelle. Bien que ces terres soient théoriquement sous contrôle perse, elles sont délaissées depuis les révoltes de l'Ionie, et Darius veut s'assurer de leur coopération avant de lancer une offensive plus soutenue sur les grandes cités grecques.

Si la première partie de l'expédition se déroule sans encombre, une énorme tempête s'abat sur la flotte et près de la moitié des navires présents sombre irrémédiablement. Les survivants débarquent sur les côtes de la Thrace et sont froidement accueillis par des soldats grecs qui, visiblement, ne sont pas enchantés de revoir des Perses sur leur territoire...

Le choc est brutal, les Perses n'ont pas le temps de réagir et les pertes sont lourdes pour Mardonios qui décide de battre en retraite. Revenu chez lui, il doit répondre de ses actes et Darius le relève de son commandement. Le roi des rois prend alors le temps nécessaire pour organiser une nouvelle expédition contre les cités grecques. C'est le début des guerres médiques, un des épisodes les plus sanglants de cette époque.

Pendant près d'un an, les bateaux et les troupes se préparent pour l'assaut contre l'ennemi grec. Darius, conscient qu'une partie du conflit pourrait être évitée via des pressions diplomatiques, envoie des messagers dans toutes les cités grecques avec un seul mot d'ordre : la soumission ou la guerre. La plupart se soumettent à la volonté de l'empire, la perspective d'une attaque ne les enchantant guère... Mais pour deux d'entre elles, le refus est catégorique : Sparte et Athènes exécutent carrément le messager perse qui s'était présenté à leurs portes !

La flotte perse est confiée par Darius à l'amiral Datis, et l'armée de terre au général Artapherne. Afin de préparer au mieux l'attaque contre Athènes, ils sont accompagnés d'Hippias, le fils du célèbre Pisistrate, ancien tyran de la cité. Mais avant cela, ils veulent reprendre le contrôle de cités mineures, en particulier celui de Naxos, l'une des instigatrices des révoltes de l'Ionie ayant infligé de nombreuses pertes aux Perses par le passé. La cité est brisée, brûlée, les captifs, réduits en esclavage, et les quelques survivants s'enfoncent dans les montagnes pour échapper à ce sort peu enviable.

La ville de Délos subit un sort similaire, rien ne semble pouvoir arrêter les centaines de navires et les dizaines de milliers d'hommes qui composent ce raz de marée perse. Naviguant d'île en île, ils asservissent des cités souvent isolées, telle Carystos, rapidement pillée. Érétrie, elle, résiste pendant près d'une semaine. Si un contingent athénien est envoyé en renfort, il repart bien vite sur les conseils d'un habitant qui leur fait part des divisions politiques au sein de la ville. Certains refusent de coopérer avec les Perses, d'autres ne voient pas d'inconvénients à leur livrer la cité. Finalement, au septième jour de siège, les portes de la ville s'ouvrent pour laisser entrer les soldats de l'empire. Loin de ménager la population, qui s'est rendue, les Perses saccagent la ville et brûlent tout ce qu'ils peuvent. La route vers Athènes est désormais libre ; après quelques jours de repos, les Perses reprennent la mer.

Ils débarquent en 490 av. J.-C. dans la plaine de Marathon, située à une quarantaine de kilomètres de la ville et suffisamment étendue pour leur permettre de manœuvrer avec leur cavalerie. Les troupes ont pour objectif de marcher sur la cité grecque, mais l'organisation de cette offensive prend du retard.

Pendant ce temps-là, les Athéniens, avertis de l'accostage des Perses, lèvent une armée de près de neuf mille hoplites pour bloquer l'ennemi à Marathon. Des messagers sont envoyés dans les cités voisines afin de solliciter de l'aide pour cette bataille qui s'annonce difficile à gagner. Un millier d'hommes sont envoyés de la cité de Platées et rallient rapidement les rangs athéniens.

Phidippidès, un des coursiers les plus célèbres d'Athènes, est envoyé à Sparte pour implorer leur aide. En une journée et demie, il parcourt les quelque deux cents kilomètres qui le séparent de la cité. Évaluant la situation, les Lacédémoniens – habitants de Sparte – prennent conscience du danger qui pèse sur la région. Ils veulent intervenir et soutenir les forces grecques à Marathon.

Néanmoins, impossible pour eux de se mobiliser rapidement en raison des Karneia. Ces festivités, données en l'honneur d'Apollon, ne peuvent être interrompues sans heurter les dieux. La cité guerrière doit attendre la prochaine pleine lune afin d'être libérée de ses obligations pour venir en aide aux Athéniens. Cet événement doit encore durer une dizaine de jours et rend donc provisoirement impossible l'intervention de Sparte. Un obstacle supplémentaire pour les Grecs qui se retrouvent dans une position délicate.

Si dans certains récits on estime les forces perses à plusieurs centaines de milliers d'hommes, il est plus probable que leur armée ne soit composée que de vingt mille à trente mille soldats. Quoi qu'il en soit, il est clair que les Grecs sont au moins deux fois moins nombreux dans la plaine, ce qui ne manque pas de freiner l'ardeur des généraux, divisés sur la position à adopter face à cette armée de barbares.

Certains proposent le retrait ou l'attente des forces venues de Sparte, d'autres, comme le général Miltiade, sont partisans d'un affrontement direct avec

les Perses. Le modèle de commandement grec implique qu'au-delà des dix généraux présents, une onzième personne, le polémarque, soit élue au tirage au sort parmi les dirigeants politiques de la ville. Il endosse alors le rôle de commandant des armées et peut prendre la décision finale quant à la stratégie à adopter contre les Perses.

Les généraux tentent donc de convaincre Callimaque, le polémarque du moment, en lui exposant leurs arguments. Si les Grecs chargent l'armée du général Artapherne et qu'elle subit une défaite, plus rien n'arrêtera les Perses et Athènes tombera ; et si rien n'est fait, l'ensemble des troupes perses pourra débarquer et, à moins que Sparte et ses renforts n'arrivent à temps, on ne pourra plus faire grand-chose non plus pour les stopper. C'est Miltiade finalement qui emporte son soutien et la décision est prise d'affronter les Perses à Marathon.

Si les troupes grecques sont en infériorité numérique, elles bénéficient néanmoins d'un avantage conséquent : leur équipement. Les soldats sont ainsi pourvus d'un bouclier, d'un casque, de protège-tibias et d'une cuirasse en bronze pour se défendre, ainsi que d'une épée et d'une longue lance pour attaquer. Leurs ennemis perses n'ont que des protections en cuir et en osier, ainsi que des lances beaucoup plus courtes.

Miltiade, qui hérite du commandement de l'armée grecque, connaît bien ses forces et ses faiblesses. Tous ces soldats n'ont pas un entraînement digne des plus grands guerriers, en revanche ils sont issus de la même culture. La cohésion des troupes est donc assurée, contrairement à celle des Perses. En effet, en raison de la politique d'expansion et d'assimilation de leur empire, les soldats viennent tous d'horizons différents. Ils ne se comprennent pas nécessairement à cause de la langue et ne sont pas habitués à un style de combat en particulier.

Tandis que les forces de Miltiade se mettent en position pour affronter les Perses, ces derniers décident de rembarquer une partie de leurs troupes à bord des navires pour foncer vers Athènes, alors sans défense. C'est notamment le cas de la cavalerie perse, pourtant une des seules unités capables de briser la formation en phalange des Grecs.

Miltiade, lui, décide d'étirer ses troupes au centre de la plaine, de sorte que ces phalanges soient moins «épaisses» mais qu'elles couvrent plus de distance sur la largeur du terrain. Des unités plus compactes sont situées sur les deux flancs, que les Perses ne peuvent dépasser, car au-delà se trouvent des marais et des bois. Le général grec redoute cependant les archers perses, très nombreux, qui pourraient harceler ses hommes s'ils venaient à rester trop statiques. Il donne l'ordre de la charge, pressant ses hoplites d'accélérer le pas, les lances tendues vers des Perses visiblement dépassés.

Épaule contre épaule, les Athéniens forment une masse dense qui percute les lignes perses avec une violence inouïe. Leurs ennemis sont littéralement

25

plaqués au sol et le combat au corps à corps s'engage au centre de la mêlée, une fois passé le choc de la charge. Sans véritables protections, les soldats d'Artapherne sont massacrés, certains fuient déjà vers leurs navires.

Toutefois, les troupes d'élite perses, les fameux Immortels, réussissent à reprendre progressivement le dessus sur les hoplites, si bien que la situation semble s'inverser. C'est sans compter sur les ailes de l'armée grecque qui se rabattent sur les flancs perses, encerclant de fait la grosse majorité des soldats. Dès lors, les soldats de l'empire sont acculés, les coups de lance proviennent de tous les côtés, les hommes tombent par milliers. Une troupe grecque parvient même à s'emparer de certains navires. La défaite est terrible pour les Perses qui courent vers leurs embarcations, parfois même vers les marais, voulant tout faire pour survivre, quitte à être coupés de leurs camarades.

Près de cent quatre-vingt-douze Grecs perdent la vie durant l'affrontement. Les Platéens, principalement concentrés sur les flancs, pleurent de leur côté la mort de onze des leurs. Pour les Perses, les pertes sont astronomiques. Quelque six mille quatre cents soldats gisent dans la plaine et près de sept navires sont capturés! C'est approximativement un tiers de leurs effectifs qui sont décimés à Marathon, une des plus violentes déroutes de l'armée de Darius Ier. Cependant il ne faut pas oublier que l'armée perse dans son ensemble est extrêmement fournie en hommes et ces pertes ne représentent finalement qu'une goutte d'eau dans les effectifs de l'empire.

Miltiade s'assit dans l'herbe le temps de reprendre son souffle. Ses compagnons firent de même. Il ne voyait presque plus le sol, recouvert du sang de ses ennemis. Le combat avait été rude, les Grecs vaillants. Une grande victoire venait d'être remportée, du genre qui marquerait l'histoire, il en était persuadé. Arrivant du sud, un soldat vint à la rencontre du général.

— Miltiade, je viens te porter de tristes nouvelles. Callimaque[1] n'est plus, il est tombé au champ d'honneur.

Le chef de guerre perdit son enthousiasme l'espace d'un instant, attristé par la mort de celui qui avait été son principal soutien pendant l'offensive. Il marqua un temps d'arrêt, en ne quittant pas du regard le messager, puis laissa tomber sa tête vers l'arrière.

— Que son passage sur le Styx soit court et paisible, murmura-t-il.

Il se retourna vers son second.

— Simonide[2], rassemble les généraux, dis-leur de me rejoindre ici avec leurs troupes.

---

1. Callimaque, le polémarque à la tête de l'aile droite de l'armée grecque, perd véritablement la vie lors de la bataille de Marathon.
2. Simonide est une référence à Simonide de Céos, un célèbre poète grec, qui gagne face au poète Eschyle un concours de poésie consacré aux guerriers morts à Marathon.

L'homme se contenta d'un hochement de tête pour manifester son respect et son soutien au héros du jour. Il était déjà parti quand Miltiade le rattrapa par l'épaule.

— Trouve également Euclès, nous allons avoir besoin de ses capacités pour mener à bien notre expédition.

Alors qu'il contemplait les derniers navires de la flotte perse qui quittaient la plage[1], il vit du coin de l'œil Simonide partir vers le nord. Le soldat interpella un homme qui accourut vers le général.

— Miltiade ? Que puis-je faire pour toi ?

— La flotte perse est en route vers Athènes, nous allons rassembler les hommes et marcher vers notre cité pour les empêcher de débarquer. Mais j'ai bien peur que nous n'y arrivions pas assez tôt... Euclès, tu es notre meilleur coureur. Va jusqu'à Athènes, le plus vite possible, va et porte le message de notre victoire[2]. Préviens nos frères que les Perses arrivent à

---

1. D'après Hérodote, une des seules «sources» que l'on ait de la bataille de Marathon, les Perses auraient embarqué pour Athènes à la fin de la bataille. Cela semble incohérent et les Perses, comme indiqué dans le chapitre, auraient plutôt pris la mer avec le gros de leurs troupes juste avant la bataille. Les autres forces perses de Marathon sont ainsi laissées sur la plage afin de retenir les Grecs, le temps que les trières parviennent jusqu'à Athènes, alors sans défense.

2. Euclès est un véritable coureur athénien qui s'entraînait chaque jour tel un sportif de haut niveau afin de transmettre des messages au plus vite. Son exploit, en reliant très rapidement Marathon à Athènes, ainsi que celui du coureur Phidippidès, parti chercher des renforts à Sparte, ont largement inspiré la création de

leurs portes, préviens-les que nous ne les abandon-
nons pas...
Sans un autre mot, Euclès s'éloigna vers l'ouest à
grandes foulées. Miltiade le regardait disparaître, pen-
dant que ses hommes se préparaient autour de lui. La
marche allait être longue, mais l'avenir de la cité
reposait entre leurs mains.

Épuisées par la bataille, les troupes de Miltiade ne peuvent se réjouir trop vite. Les navires perses navi-guent en effet en direction d'Athènes avec le gros des troupes. Pas le temps de pleurer les morts ni de soi-gner les blessés, les Grecs se dirigent d'un pas vif vers leur cité. Pendant près de sept heures, ils tiennent l'allure, s'efforçant d'ignorer la fatigue et les dou-leurs causées par cette marche forcée. Pendant sept heures, ils s'attendent à retrouver leurs maisons en feu, leurs familles décimées ou déportées. Pendant sept heures, ils ont la rage, autant que la peur, au ventre.

Pourtant, quand ils arrivent à portée de vue d'Athènes, tout semble calme. Au large, on aperçoit quelques bateaux qui se rassemblent. Ce sont ceux des Perses que Miltiade réussit à devancer avec cette manœuvre désespérée. L'amiral Datis, à la tête de ses centaines de trières, aperçoit les Grecs sur la plage.

---

l'épreuve du marathon. On fait également référence à la marche forcée des Athéniens vers Marathon pour légitimer le nom de cette épreuve sportive.

Dépités par ce retournement de situation, lui et le général Artapherne décident d'abandonner leur offensive sur Athènes afin de retourner auprès de Darius.

Cette grande victoire du peuple athénien sur l'Empire perse confirme la position dominante de la cité dans la région et permet de mettre fin à la première guerre médique. Les guerriers accourus de Sparte après leurs fêtes religieuses ne peuvent que constater le succès de leurs voisins. Néanmoins, Athènes sait que les Perses n'en resteront pas là. Son attitude de défiance envers l'empire ne peut qu'entacher la réputation du Grand Roi, qui ne peut tout simplement pas se le permettre.

Darius prépare d'ailleurs lui-même la prochaine expédition pour envahir la région et soumettre les cités. Mais une révolte de grande ampleur éclate en Égypte et la maladie emporte le roi des Perses avant qu'il n'accomplisse son ultime objectif. C'est son fils Xerxès qui prend alors la tête de l'empire et qui prépare pendant près de quatre ans ce qui sera l'une des plus grandes invasions de notre histoire...

Pendant ce temps-là dans le monde...

La bataille de Marathon, que nous venons de voir, se déroule au Vᵉ siècle avant notre ère, siècle que l'on connaît aussi sous le nom de «siècle de Périclès». Cet homme politique est également un leader militaire très important. Alors qu'Athènes était à son apogée économique, intellectuel, artistique et militaire, il y fut nommé stratège pendant quinze années consécutives. C'est au cours de ce siècle que l'on verra s'épanouir des personnages illustres, comme le dramaturge Sophocle, le poète Aristophane ou encore le célèbre Platon, considéré aujourd'hui comme le fondateur de la philosophie occidentale.

Pour beaucoup d'autres civilisations, le Vᵉ siècle s'affirme comme une période de croissance et de prospérité. En Asie, c'est le cas de l'Inde dont l'agrandissement de cités comme Kaushambi ou Râjagriha lui donne de l'importance. Les marchands perses et, plus tard, hellénistiques ne manquent pas de s'arrêter dans les cités commençantes et de ramener dans leurs navires de nouvelles espèces alimentaires, comme le riz, les abricots ou les pêches.

En Afrique, le Vᵉ siècle marque l'apogée de la civilisation Nok au Nigeria. Cette culture est malheureusement encore trop peu connue aujourd'hui. Les différentes fouilles archéologiques ont montré que cette civilisation agricole et sédentaire utilisait le fer. Mais on ignore beaucoup de choses sur son organisation sociale et urbaine. De cette civilisation, il nous reste aujourd'hui d'incroyables statuettes en terre cuite représentant des personnages ou leur visage. La rigueur et la précision de ces œuvres témoignent d'un savoir-faire ancestral qui étonne autant qu'il fascine.

NOTA BENE

À l'autre bout du monde, en Chine, cette période marque le déclin du pouvoir de la dynastie des Zhou. Plus le temps passe, plus le pouvoir du roi décroît. Les États qui sont sous son allégeance sont de moins en moins favorables à se courber devant son autorité et le royaume s'affaiblit. La royauté, auparavant très présente, devient petit à petit un symbole qu'il n'est plus vraiment nécessaire de servir. Ces tensions marquent la fin de la période des Printemps et Automnes pour la Chine, et donc de la prospérité pour la dynastie des Zhou. Cependant les États rebelles n'arrivent pas à s'entendre : c'est le début de la période des Royaumes combattants. Les princes de différents royaumes s'affranchissent de la tutelle des Zhou et prennent chacun le titre de roi. La Chine se retrouve avec sept grands États émergents, tous en opposition les uns avec les autres.

Des guerres éclatent entre les sept grandes puissances, les Chu, Han, Qi, Qin, Wei, Yan et Zhao. Ces guerres, qui vont se prolonger pendant près de deux cent quatre-vingts ans, seront une véritable stimulation intellectuelle. À cette période, on remarque que l'administration et les classes politiques sont de mieux en mieux formées et organisées. Les progrès techniques sont nombreux : ils favorisent le développement des villes et des agglomérations, alors que certains courants de pensée philosophique, comme le confucianisme ou le taoïsme, prennent de l'ampleur. Il faudra attendre 221 av. J.-C. pour que les guerres se terminent, à la suite de la victoire finale de la dynastie Qin, victoire qui marquera par la même occasion la réunification de la Chine.

SIÈGE DE LA VILLE DE TYR

700-800m

332 AV J-C

2

Tyr contre l'Empire macédonien

Au Ve siècle avant notre ère, la Grèce est divisée en plusieurs royaumes et cités indépendantes. Après la domination athénienne durant la première partie du siècle, la guerre du Péloponnèse change la donne et fait basculer la région sous l'hégémonie de Sparte. En 404 av. J.-C., il ne reste plus grand-chose de la puissance athénienne. Pourtant la rivalité entre les deux cités grecques continue d'alimenter les conflits pendant de nombreuses années. Au début du IVe siècle, Athènes s'allie avec la cité de Thèbes. Ensemble, elles luttent contre Sparte et parviennent à reprendre le dessus en 371 av. J.-C. Athènes reconstruit son empire et reprend le contrôle de la région, mais se heurte à Thèbes. Les anciens deux alliés finissent par s'affronter dans un duel fratricide dont les Thébains sortent vainqueurs de justesse.

La situation est donc complexe et la plupart des cités affaiblies. La guerre est présente partout et chacun essaye d'asseoir son pouvoir sur ses voisins. Cependant, c'est dans ce contexte qu'émerge une des puissances les plus marquantes de l'histoire grecque. À cette époque, on peut grossièrement découper le territoire grec en plusieurs régions. Au nord, se trouve la Thrace, à l'ouest les Molosses, au centre nord la Macédoine, au centre la Thessalie, au sud les cités de la ligue de Corinthe – qui s'étend au-delà de cette seule région –, et à l'extrême sud des États neutres tels que Sparte. La Macédoine, de part sa position centrale, fait particulièrement les frais de cette guerre permanente.

En 359 av. J.-C., Philippe II devient roi de Macédoine. Il hérite d'une situation compliquée et son royaume bascule sous la vassalité des Illyriens au nord-ouest. N'ayant pas les moyens de lutter efficacement contre ses ennemis, il lance une grande réforme de l'armée et met en place des troupes d'élite, les hypaspistes, célèbres phalanges macédoniennes. Grâce à ses nouvelles troupes, il se lance dans des batailles acharnées contre ses rivaux et parvient à s'émanciper, en moins de deux ans, de ses suzerains. Mieux que ça, il annexe le royaume d'Illyrie et lance une campagne de conquête en Thrace, en Thessalie et vers l'est afin d'ouvrir son royaume sur la mer Égée.

Ses victoires successives mettent certaines cités grecques profondément mal à l'aise. Athènes et Thèbes sont ainsi extrêmement méfiantes vis-à-vis de Philippe II qui a déjà soumis plusieurs de leurs alliés. En 338 av. J.-C., les deux cités unissent leurs efforts lors de la bataille de Chéronée afin de bloquer l'armée macédonienne commandée par Philippe II et son fils Alexandre. Si les forces des cités grecques sont légèrement plus importantes, leur défaite n'en est pas moins lourde et coûteuse. Près de la moitié des Thébains présents ce jour-là meurent sur le champ de bataille. Philippe II, qui épargne Athènes et occupe Thèbes pour l'exemple, cherche à réunir toute la Grèce sous la domination de la Macédoine.

La victoire est totale pour Philippe II, qui soumet pratiquement toutes les cités grecques à sa volonté. Il les réunit d'ailleurs au sein de la ligue de Corinthe et, tout en conservant l'indépendance de chaque cité, leur interdit de s'affronter entre elles. Le roi peut alors se concentrer sur d'autres projets, et l'unité nouvelle de la Grèce lui permet d'envisager de rivaliser avec le puissant Empire perse. Rien ne semble pouvoir arrêter l'ascension de la Macédoine. Pourtant la mort subite de Philippe II en 336 avant notre ère, assassiné par un ancien officier un poil rancunier, freine temporairement l'expansion du royaume. Le trône est repris par son fils, Alexandre III de Macédoine, dit Alexandre le Grand.

Loin de pouvoir s'atteler directement aux projets de son père, Alexandre doit tout d'abord asseoir son pouvoir. Les cités grecques récemment rassemblées sous la coupe de la Macédoine tentent de se libérer de son influence et certaines poussent cette volonté jusqu'à la rébellion. Le nouveau roi entame pendant près de deux ans un périple dans son royaume, alternant rencontres diplomatiques pour s'assurer de la fidélité des cités et affrontements violents, notamment en Thrace, pour soumettre les rebelles. Les succès à répétition du jeune roi ne calment cependant pas les grandes cités grecques telles que Thèbes, Athènes ou encore Sparte qui ne lui sont pas très favorables.

En 335 av. J.-C., une rumeur se répand en Grèce aussi vite que le vent : le jeune Alexandre serait mort au combat. Il n'en faut pas plus aux cités grecques pour décider de se soulever contre l'autorité macédonienne. Thèbes est sans doute la plus virulente de ces cités, encouragée par les financements que Darius III, roi de Perse, envoie dans toute la région pour s'assurer une image positive. C'est logiquement qu'Alexandre, visiblement en très bonne santé, marche sur la cité avec ses imposantes troupes. Ne pensant pas que Thèbes puisse vaincre l'armée du roi, Athènes et Sparte renoncent au soutien promis aux Thébains, préférant jouer la carte de la sécurité. Malgré des négociations entamées avec la cité, ce soulèvement est maté avec une extrême violence. Thèbes est rasée, des milliers d'hommes perdent la vie, la population est réduite en esclavage, puis vendue. Alexandre, qui tourne alors son regard vers Athènes, décide de stopper ici les violences en échange de la soumission totale des cités. Face à une telle détermination, les cités grecques se rallient au jeune roi qui a désormais le champ libre pour continuer l'œuvre de son père :

défaire l'Empire perse et conquérir de nouveaux territoires.

En 334 avant notre ère, les troupes macédoniennes, fortes de plus de trente mille hommes, posent leurs pieds en territoire perse, sur la ville côtière d'Abydos, située dans l'actuelle Turquie. Darius III, ne pensant pas qu'Alexandre est en état de menacer son empire, ne se lance pas à sa rencontre. Il envoie à sa place plusieurs satrapes, les gouverneurs de ses régions, ainsi qu'un mercenaire grec au service des Perses, Memnon de Rhodes.

Le premier affrontement entre l'Empire perse et l'armée d'Alexandre se déroule ainsi sur les bords du Granique, un cours d'eau qui empêche la progression des Grecs. La témérité du jeune roi et sa tactique soignée ont rapidement raison des Perses qui perdent près d'un tiers de leurs effectifs. La plupart des mercenaires grecs sont massacrés et les survivants, considérés comme des traîtres, sont condamnés aux travaux forcés. Après cette victoire décisive, la plupart des cités avoisinantes sont facilement envahies, car toutes leurs forces avaient été mobilisées lors du premier combat. Les troupes perses restantes se réfugient à Milet, l'un des principaux ports de la côte, qui tombe rapidement sous la pression des Grecs. Jusqu'en 333 avant notre ère, l'armée d'Alexandre avance en territoire ennemi. Ville après ville, port après port... quasiment toute l'Asie Mineure tombe sous son contrôle. Darius n'a plus le choix, il doit affronter lui-même le jeune Macédonien.

La première rencontre de Darius et d'Alexandre sur le champ de bataille se fait dans la plaine d'Issos. Les Perses sont près de trois à quatre fois plus nombreux et possèdent une cavalerie très importante. Cependant la plaine est assez étroite, Darius a du mal à positionner ses troupes de façon optimale ; celles d'Alexandre, en revanche, sont très efficaces et supportent les assauts des cavaliers qui ne parviennent pas à briser les rangs grecs. Durant la bataille, Alexandre aurait aperçu Darius et lancé une offensive directement sur lui. Un mouvement qui aurait presque pu mettre fin à la guerre tant le roi de Perse est passé près de la mort. De nombreux officiers meurent en sauvant la vie de leur souverain et Darius parvient à s'échapper de justesse du champ de bataille, entraînant avec lui une partie de son armée. Cette défaite historique le laisse très affaibli, Darius mettra du temps à recouvrer ses forces.

Alexandre a désormais les mains libres pour poursuivre l'expansion de son royaume. En 332 av. J.-C., il envahit la Phénicie dont la plupart des cités, tout en étant indépendantes, subissent un certain contrôle des Perses. C'est aussi un bon moyen d'anéantir leur flotte qui se fournit en bateaux dans ces ports. Chaque cité étant indépendante, elle affronte seule la progression d'Alexandre. Avec ses forces, il longe la côte phénicienne et la plupart se rendent sans même combattre, refusant de risquer d'être rasées pour l'exemple. Le roi macédonien rencontre toutefois une certaine résistance en arrivant devant le port de Tyr, première cité de la région à lui opposer une véritable résistance.

Tyr est une ville fortifiée située sur une île, aujourd'hui dans le sud-ouest du Liban. Ses deux ports servent notamment à fournir les flottes ennemies d'Alexandre en navires et se situent au carrefour des routes commerciales de la côte. Une position stratégique qu'Alexandre doit absolument acquérir, d'autant qu'il ne peut pas se permettre de laisser des cités hostiles derrière lui, alors qu'il projette d'avancer bien plus loin. Plusieurs raisons peuvent expliquer le refus de Tyr de se soumettre à l'autorité d'Alexandre : le désir de neutralité de la cité entre les deux grandes forces de l'époque ; la ville de Tyr pencherait en réalité du côté des Perses et les Tyriens chercheraient à attirer l'attention d'Alexandre afin de donner du temps à Darius III pour se remettre de ses défaites ; enfin, si la cité ose affronter la colère du jeune roi, c'est qu'elle a les moyens de se défendre !

L'île est située à huit cents mètres de la côte, isolée du continent et donc d'une attaque par la terre. Depuis des centaines d'années, personne n'a jamais réussi à franchir ses murailles. Et pour cause : elle n'offre aucun accès pour débarquer des troupes d'assaut, car les murs qui la protègent s'enfoncent directement dans la mer.

Anticipant la venue d'Alexandre, la plupart des habitants sont évacués vers Carthage et laissent leur ville aux combattants qui s'apprêtent à subir l'assaut. Les navires de la cité sont mis à l'abri dans les ports qui sont condamnés avec de grandes poutrelles de bois et des chaînes. Quand Alexandre se présente devant la cité, il demande aux Tyriens de bien vouloir ouvrir leurs portes, prétextant vouloir faire un sacrifice au dieu phénicien Melqart dans le temple de la ville. Une demande bien évidemment ignorée par le roi de Tyr qui comprend très bien ce que cela impliquerait : céder la ville et lui prêter allégeance. Ce refus pousse le Macédonien à menacer la ville : si les portes ne lui sont pas ouvertes, il posera le siège devant ces murs et massacrera tous ceux qui résisteront. Afin de réaffirmer sa volonté d'éviter les hostilités, il envoie des messagers qui sont reçus par le roi. En signe de défiance, les messagers sont exécutés ! Les Tyriens sont déterminés à résister.

Alexandre prend alors la décision de tenir le siège de Tyr, une des épreuves les plus longues et les plus épuisantes pour les forces macédoniennes. Une question se pose tout de même. Comment assiéger ces murailles quand la cible n'est rien de moins qu'une île fortifiée ? Tous les conquérants précédents ont tenté une offensive par la mer, sans succès, mais Alexandre, fort de ses armées nombreuses et de sa suprématie technique, préfère ignorer cet obstacle. Lorsqu'il réunit ses hommes pour leur exposer son plan, ceux-ci pensent tout d'abord qu'il a totalement perdu la raison. En effet, si l'attaque maritime n'est pas envisageable, il reste l'offensive classique par la terre, et puisque Tyr est une île, il suffit tout simplement de la relier au continent pour qu'elle n'en soit plus une !

Alexandre se tenait au bord de l'eau, contemplant l'île qui lui faisait penser à une énorme tortue rétractée dans sa carapace. Un temps agacé par l'attitude des Tyriens, il était désormais traversé par une bouffée d'optimisme et un sourire qu'il avait bien du mal à déguiser se dessinait sur son visage.

— Voyons Alexandre, c'est de la pure folie! tonna Cratère[1], placé juste derrière lui.

— Une folie qui nous a déjà menés bien plus loin que nous l'espérions..., objecta Héphestion.

Le général Cratère fit volte-face. Menaçant le jeune homme du regard.

— Ne l'encourage pas, Héphestion! Il faut nous considérer comme chanceux avant tout, les événements ont été favorables pour nous mais le vent peut tourner. Il tourne toujours...

Alexandre se retourna vers Héphestion, lui adressa un grand sourire, puis fit deux pas en direction de Cratère, posant sa main sur son épaule.

— Cratère, mon ami, n'as-tu pas confiance en moi? Ne vois-tu pas tout ce que l'on a accompli ces dernières années? Combien de fois notre situation a-t-elle pu sembler désespérée?

— J'ai confiance, Alexandre, je t'ai toujours soutenu. Mais là, c'est différent! Les dieux peuvent bien

---

1. Cratère et Héphestion sont deux généraux d'Alexandre. Leur rivalité, célèbre, les mène même à s'affronter pendant la campagne d'Inde, ce qui conduit Alexandre à envoyer Cratère combattre sur d'autres fronts. Héphestion est également considéré comme l'ami et l'amant le plus proche d'Alexandre.

être avec nous, relier cette île au continent, ce n'est pas dans l'ordre des choses!

Le jeune roi explosa de rire.

— Pas dans l'ordre des choses? Nous avons soumis la moitié du monde connu et, aujourd'hui, Tyr ose nous résister! Imagines-tu un instant lorsque nous réussirons à poser le pied devant leurs murailles? Imagines-tu la réaction des cités qui envisagent dès aujourd'hui, comme Tyr, de nous résister?

Cratère tenta vainement de trouver un appui dans les yeux d'Héphestion, qui semblait tout aussi joyeux et déterminé qu'Alexandre. Résigné, il adressa un dernier avertissement à son roi.

— N'oublie pas ce que t'a enseigné ton maître[1], Alexandre, la témérité n'est pas la voie de la raison. Cette cité sera nôtre car je crois en toi, mais le chemin sera long, crois-en mon expérience[2]...

— Bien! s'exclama Héphestion en lançant une pierre dans l'eau. Je viens de commencer, on s'y met tout de suite?

---

1. Quand Cratère fait référence au maître d'Alexandre, il parle en fait d'Aristote, qui est en charge de l'éducation du jeune roi pendant de nombreuses années. Aristote considère qu'il faut toujours peser le pour et le contre et que la vie est une affaire de mesure. Ainsi, un choix déraisonné doit être proscrit, ce qui va dans le sens du discours de Cratère.
2. En 588 av. J.-C., Nabuchodonosor II, roi des Babyloniens, aurait entamé un siège devant les remparts de la ville de Tyr. Un siège qui aurait duré près de treize ans et dont il ne sortira vainqueur que par la diplomatie.

Tandis que ses troupes sécurisent la côte, la construction d'une véritable digue est lancée, un projet pharaonique qui s'étale sur plus de six mois ! Du haut de leurs remparts, les Tyriens sont médusés, Alexandre semble vraiment vouloir mettre ce projet à exécution, un chantier inconcevable pour l'époque. Mark Twain, l'auteur de *Tom Sawyer*, est à l'origine d'une maxime bien connue qui pourrait tout à fait résumer ce type d'entreprise : «Ils ne savaient pas que c'était impossible, alors ils l'ont fait.»

Dans les ruines de la vieille ville de Tyr, située sur la côte, les Macédoniens récupèrent des matériaux pour combler les quelque huit cents mètres qui les séparent de l'île. Mais le courant, parfois fort, ainsi que les six mètres de profondeur, ne rendent pas la tâche facile. Du Liban, Alexandre fait venir d'énormes arbres qui, taillés en forme de pieux, permettent d'assurer une certaine stabilité à l'édifice. Des tours de guet sont construites sur le bord de la côte afin de pouvoir protéger les ouvriers d'éventuelles sorties meurtrières des Tyriens.

Elles sont pourtant rapidement détruites et de petites embarcations accueillant des archers harcèlent les Macédoniens, déjà épuisés par leurs travaux. Il est compliqué pour Alexandre de contrer ces navires, car il n'a lui-même plus de flotte. Mais il ne peut attendre que celle-ci soit reconstruite pour protéger ses hommes. Il élabore alors tout un système de panneaux de bois sur les côtés de la digue pour protéger la main-d'œuvre des flèches. Deux grandes tours mobiles sont également construites et prennent position directement sur la digue, avançant en même temps que celle-ci progresse. Ces stratagèmes permettent de maintenir relativement à l'écart les tentatives de sabotage tyriennes.

Malgré la destruction partielle de la digue après un raid tyrien qui parvient tout de même à se faufiler à travers les défenses macédoniennes, la construction se poursuit de jour en jour, se rapprochant des murailles de l'île. Alexandre, afin d'optimiser l'assaut, fait élargir la digue qui passe de quinze mètres à près de soixante. De Chypre et des cités phéniciennes précédemment soumises, il reçoit de nombreux navires qui viennent enfin reconstituer sa flotte. Lorsque vient l'été, en 332 av. J.-C., il peut enfin mettre son plan à exécution et lance une attaque de grande envergure par la mer et la terre.

Les navires emportent des catapultes qui bombardent sans cesse la ville, les quelques bateaux tyriens qui tentent une sortie du port sont immédiatement réduits en cendres. Les archers font pleuvoir leurs flèches au-dessus des remparts, les béliers frappent et cognent pour dégager le chemin aux troupes à pied. En peu de temps, Tyr s'effondre et se noie sous la masse macédonienne. Les hommes de la cité sont massacrés par milliers, tandis que les survivants sont capturés pour être vendus sur le marché aux esclaves. Le roi de Tyr, ainsi que quelques privilégiés, sont apparemment épargnés sans que l'on sache précisément ce que les Macédoniens peuvent en faire. La cité est incendiée après qu'Alexandre a honoré sa promesse de rendre hommage au dieu Melqart.

Cette sévérité extrême de la part du jeune conquérant s'explique par sa volonté de marquer les esprits. Il espère ainsi que d'autres n'auront pas l'audace de retenter l'expérience de Tyr. Après cette victoire éclatante, Darius III propose d'ailleurs à Alexandre de cesser les hostilités, mais ce dernier refuse, voulant aller jusqu'au bout de son entreprise : conquérir toute l'Asie. Il passe d'abord par l'Égypte, qui tombe rapidement entre ses mains en 331 avant notre ère, puis remonte vers le nord pour affronter Darius et en finir avec son ennemi héréditaire. En octobre de la même année, les deux chefs de guerre s'affrontent lors de la bataille de Gaugamèles. Une fois de plus Alexandre remporte la victoire et Darius est obligé de fuir avec ses troupes.

Plus rien ne peut arrêter le jeune Macédonien. Après Babylone et Suse, il gagne la capitale de l'Empire perse, Persépolis, qu'il incendie. Darius meurt peu de temps après, en 330 av. J.-C. Avec lui s'éteint l'Empire achéménide, qui était en place depuis plus de deux cents ans. Les troupes perses restantes se rangent aux côtés d'Alexandre et tout l'empire de Darius tombe sous sa coupe. Loin d'en rester là après cet incroyable parcours, Alexandre parvient à pousser son armée toujours plus à l'est, traversant l'Inde et entamant la conquête de ce nouveau territoire.

Jusqu'en 325 av. J.-C., il continue son expédition avec toute la vigueur qui le caractérise. Mais ses hommes sont épuisés et, désormais, son empire, l'un des plus grands jamais établis, a besoin d'un roi présent pour régner efficacement sur ses terres. Il prend donc le chemin du retour, un chemin long et pénible pendant lequel il doit à plusieurs reprises consolider son pouvoir dans les régions déjà conquises. En 323 av. J.-C., alors que le printemps touche à sa fin, Alexandre décède brutalement des suites d'une forte fièvre. Ses généraux se déchirent pour le contrôle de l'empire qui, bientôt, se disloquera encore plus vite qu'il n'avait été construit.

Si l'on ne sait pas vraiment pourquoi il meurt si jeune, à trente-deux ans seulement, son destin absolument incroyable marque l'Histoire à jamais. Aujourd'hui encore, on peut observer des traces laissées par Alexandre lors de ses conquêtes, l'exemple le plus flagrant restant la ville de Tyr, toujours reliée par cette fameuse digue au continent.

Pendant ce temps-là dans le monde...

À la mort d'Alexandre le Grand, ses généraux et amis se réunissent pour savoir ce qu'il adviendra de l'empire. Après les accords de Babylone en 323 avant notre ère, qui prévoient le partage provisoire des terres en attendant que l'héritier d'Alexandre soit en âge de gouverner, ses généraux s'affrontent car leurs visions à long terme de l'empire divergent : c'est la première guerre des diadoques. En 321 av. J.-C., les accords de Triparadisos achèvent de partager l'empire du défunt roi. La situation reste confuse, mais dans certaines régions d'anciens généraux réussissent à faire leur nid.

C'est le cas de Ptolémée, qui hérite de la gestion de l'Égypte dès − 323 et qui en − 305 s'y fait couronner roi. Jusqu'en − 283, Ptolémée entame de nombreux chantiers à travers le pays et notamment à Alexandrie, où il établit la capitale. C'est notamment sous son règne que commence la construction du célèbre phare d'Alexandrie et de la fameuse bibliothèque d'Alexandrie. À sa mort, en − 283, son fils Ptolémée II devient pharaon d'Égypte, c'est le début d'une des grandes dynasties égyptiennes, la dynastie des Ptolémées, qui règne pendant près de trois siècles, jusqu'en 30 avant notre ère.

Bien qu'il soit difficile de la dater, la période des Royaumes combattants commence en Chine entre le Vᵉ et le IVᵉ siècle avant notre ère. La dynastie des Zhou, qui remonte au XIᵉ siècle avant notre ère et qui est l'une des plus importantes de l'histoire chinoise, s'éteint pour laisser la place à de multiples royaumes qui dès lors s'affrontent pour prendre le contrôle de la région. Une période extrêmement instable mais paradoxalement très importante pour la Chine, qui voit se développer de manière très intense son économie, ses technologies, sa littérature, sa philosophie, son art et sa religion. L'État de Qin finit par remporter la victoire sur les Yan, les Zhao, les Wei, les Han, les Chu et les Qi au IIIe siècle avant notre ère. La Chine est alors unifiée sous la bannière de Qin Shi Huangdi, le tout premier empereur de Chine.

Au début du IVe siècle avant notre ère, les Celtes étendent leur pouvoir sur toute l'Europe. Brennus, chef des Sénons – lesquels trouvent leurs origines à l'est et au sudest de Paris –, unifie ses tribus et mène un raid, le premier d'une longue série, sur la partie nord de l'Italie. En − 390, ils assiègent la ville de Clusium et exigent des terres dans la région afin d'installer leurs familles. Les habitants de la cité refusent et demandent de l'aide à Rome. Bien vite, les négociations tournent court quand les Romains tentent d'abuser les Gaulois. Une armée romaine se forme alors et marche à la rencontre des envahisseurs. De nombreuses tribus gauloises se rejoignent afin de faire front. Au côté des Sénons, on retrouve ainsi les Arvernes, les Lingons, les Cénomans, les Boïens, les Carnutes et bien d'autres peuples encore. Les deux armées s'affrontent lors de la bataille de l'Allia. Les Romains, inexpérimentés, subissent de plein fouet la charge des Gaulois, avec de lourdes pertes à la clé. Le chemin est désormais ouvert vers Rome qui est mise à sac durant l'été 390 av. J.-C. De nombreux guerriers restent vivre dans la région et il faudra près d'un siècle pour que les Romains puissent les déloger.

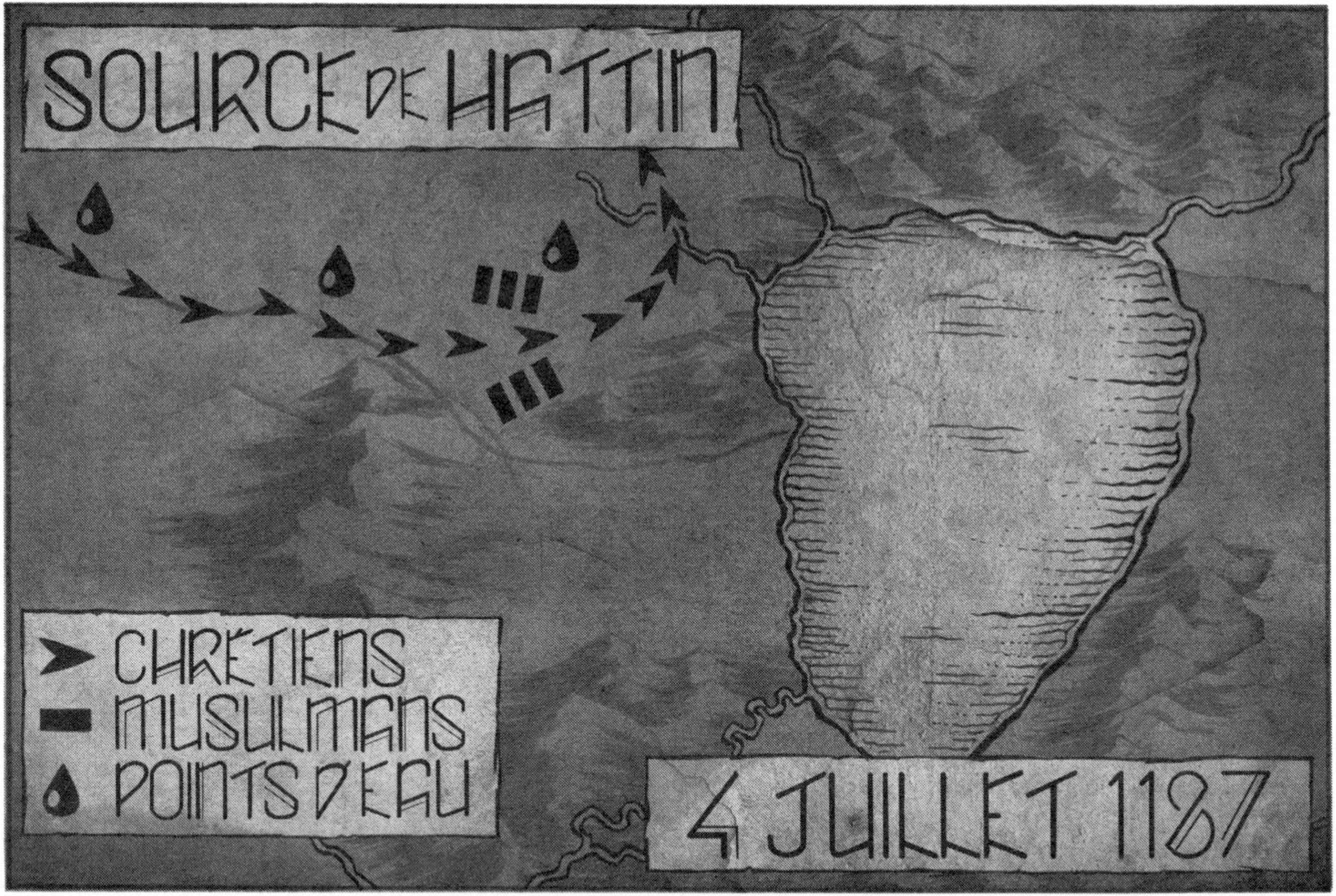
SOURCE DE HATTIN
CHRÉTIENS
MUSULMANS
POINTS D'EAU
4 JUILLET 1187

3
Hattin, le temps des croisades

À la fin de la première croisade, en 1099, la plupart des chrétiens venus libérer Jérusalem retournent chez eux. Cependant une poignée de pèlerins y voient l'opportunité de construire une nouvelle vie sur place, pleine de promesses. La plupart de ces individus ne peuvent espérer améliorer leur condition, notamment en France, car ils ne sont pas en tête de liste pour hériter des possessions de leurs parents.

C'est notamment le cas de Godefroy de Bouillon et de son frère, Baudouin de Boulogne, qui participent à la création du royaume de Jérusalem. Respectivement deuxième et troisième fils d'Eustache II, comte de Boulogne, ils ont rapidement saisi l'intérêt de créer leur propre situation dans des contrées si éloignées. Godefroy est d'abord nommé à la tête de ce royaume, mais refuse le titre de roi qui l'obligerait à porter une couronne, alors que le Christ lui-même avait porté sa couronne d'épines en ces terres – une analogie un peu trop prétentieuse pour notre croisé. Il se contente alors du qualificatif d'«avoué du Saint-Sépulcre», bien plus à son goût.

Près d'un an plus tard, Godefroy perd la vie et c'est son frère Baudouin qui prend la relève. Pour lui, il n'est pas question de se contenter du titre de son frère. Il devient de fait le tout premier roi du royaume de Jérusalem et entreprend de consolider son domaine, alors extrêmement isolé dans une région encore très hostile. Et ce ne sont pas ses trois cents chevaliers et quelque deux mille hommes à pied qui lui donnent une quelconque supériorité dans le voisinage. Il repousse néanmoins les offensives islamiques et réussit à étendre, puis à consolider son territoire. Si le royaume est sous son contrôle, il est pourtant divisé entre le domaine royal et quatre fiefs, tenus par quatre différents souverains, eux-mêmes séparés en plusieurs seigneuries. Des châteaux sont construits et tout un système d'impôts est mis en place afin de pouvoir administrer correctement le royaume, véritable colonie occidentale. Pendant un peu moins de deux siècles, les suzerains se succèdent et, malgré les tentatives répétées des musulmans qui s'unissent contre les chrétiens, notamment lors de la seconde croisade, le royaume se maintient.

En 1174, Amaury Ier de Jérusalem meurt et laisse place à Baudouin IV, son fils aîné alors âgé de treize ans. Malheureusement, celui-ci est atteint d'une grave forme de lèpre et ses jours sont comptés. Incapable de se marier et d'avoir des enfants malgré ses compétences,

Baudouin marie sa sœur aînée Sibylle avec le cousin du roi de France, Guillaume de Montferrat. Mais ce dernier meurt de maladie et Sibylle, désormais veuve, devient l'objet de toutes les attentions. Amaury de Lusignan, un proche du roi, fait alors en sorte que Guy, son frère, puisse séduire Sibylle afin de l'épouser et de prendre une position stratégique de choix dans le jeu d'échecs que représente la succession de Baudouin IV. Cette union est célébrée en 1180, et Guy de Lusignan, sixième fils d'une nombreuse fratrie, devient comte de Jaffa et d'Ascalon. Deux ans plus tard, Baudouin lui confie la régence du royaume, ne pouvant plus assurer lui-même cette tâche, son état de santé se dégradant de mois en mois.

En 1183, le célèbre sultan Saladin, principal artisan de la réunification des musulmans de Syrie et d'Égypte, envahit le royaume de Jérusalem. Guy lève une armée pour aller à sa rencontre, mais décide de ne pas l'attaquer, préférant attendre que son rival se retire faute de provisions. L'objectif de Saladin étant précisément d'attirer l'ennemi en territoire hostile, la tactique de Guy est de ce fait une réussite militaire. Le sultan repart avec ses troupes, mais aux yeux des soldats et d'une partie des barons, Guy passe tout simplement pour un lâche, ce qui est inacceptable pour un homme de sa stature.

Baudouin IV se doit de réagir et décide de disgracier Guy avant de reprendre le pouvoir. Belle galère que voilà, coincé avec un beau-frère incompétent et un neveu trop jeune pour régner, le roi sent sa fin proche. Il tente de briser le mariage de sa sœur afin de lui trouver un époux plus respectable, mais n'y parvient pas. Il nomme alors Baudouin V, son neveu âgé de six ans, coroi du royaume de Jérusalem sous la régence de son oncle Raymond III de Tripoli.

Fait amusant, mais néanmoins véridique, le jeune Baudouin V, afin de ne pas être confondu avec son vénérable oncle sur le déclin, est baptisé par l'assistance «Baudouinet»...

En 1185, Baudouin IV rend l'âme et son jeune héritier meurt près d'un an plus tard, non sans avoir continué l'œuvre de son prédécesseur et entamé un processus de paix avec Saladin. Le royaume est plongé dans une situation de crise. Si à la création du royaume les barons élisaient le roi, ils attribuent désormais le trône à son plus proche parent. Par un jeu politique habile dont Sibylle serait une des figures majeures, Guy accède contre toute attente au trône, alors qu'il avait été répudié par Baudouin IV! Certains barons, écœurés, abandonnent leurs terres et s'exilent du royaume.

C'est dans ce contexte très tendu qu'un élément perturbateur, Renaud de Châtillon, vient provoquer un événement qui entraîne le royaume tout entier vers une issue incertaine.

S'il convient d'être subtil dans la description d'un personnage historique aussi important que Renaud de Châtillon, force est de constater qu'un seul adjectif me vient à l'esprit lorsqu'il s'agit d'évoquer ce gaillard : Renaud est surtout un bon bourrin ! Après avoir passé treize ans dans une prison musulmane pour avoir attaqué un troupeau de bétail, le baron au bras long n'est pas très enclin à respecter les trêves passées avec Saladin.

En 1187, il attaque une caravane commerciale qui se rendait du Caire à Damas, massacre les soldats, pille les marchandises et emprisonne les commerçants. Opération qu'il renouvelle à plusieurs occasions sur d'autres caravanes emmenant des pèlerins musulmans à La Mecque.

Saladin a bien conscience que ces actions visent à le provoquer, mais ce n'est pas encore le moment de répliquer : ses négociations pour réussir à totalement unifier les musulmans pour contrer les chrétiens ne sont pas tout à fait terminées.

Il préfère envoyer plusieurs lettres à Renaud de Châtillon et à Guy de Lusignan demandant l'arrêt des massacres. Tandis que Renaud reste dans son rôle, répondant que Saladin devrait demander de l'aide à Mahomet en personne, Guy sent que le vent, qui ne lui est déjà pas très favorable, peut très rapidement tourner. Il ordonne à Renaud de cesser tout acte hostile envers les musulmans, et pour la première fois de l'histoire du royaume de Jérusalem, un baron refuse alors d'obéir au roi. Guy continue à perdre en crédibilité, étant dans l'incapacité d'obliger Renaud à se conformer à ses ordres.

Les exactions envers son peuple ne cessant pas, Saladin prend finalement la décision de rassembler ses troupes et de marcher sur les chrétiens. Cependant il sait qu'il ne peut s'aventurer trop loin dans les terres « mécréantes » sans risquer de compromettre ses troupes, d'autant que Guy et ses hommes sont retranchés dans la ville de Séphorie où leurs provisions sont conséquentes. La seule chance du sultan est d'attirer l'ennemi hors des murs de la ville afin de le traquer et de l'épuiser sur les chemins arides de la région.

Pour mener à bien son plan, Saladin prépare son attaque sur la cité de Tibériade dans le sud-est du royaume. Cette cité accueille une population importante qui fuit pour se réfugier à l'intérieur de la forteresse. Or ce n'est pas tant la valeur stratégique de la ville qui intéresse le sultan que les personnages de haut rang qui y résident. En effet, Échive de Bures, la propre femme de Raymond de Tripoli, qui tenait lui-même la régence du royaume quand Baudouin V est mort, est à ce moment-là à Tibériade et se retrouve prisonnière de l'armée de Saladin, à sa porte.

Comme le supposait le sultan, ce siège suscite un vif émoi chez les barons. Après cet affront qui leur impose, d'après le code de la chevalerie, d'aller porter secours à cette femme en détresse, ils s'élèvent en nombre pour réclamer le départ de l'armée chrétienne afin de marcher sur l'envahisseur. Les trois fils d'Échive de Bures sont particulièrement virulents sur la question, insistant pour que Guy lance l'assaut au plus vite.

Pourtant, d'autres ont une vision bien différente. Raymond de Tripoli lui-même, le mari d'Échive, met en garde le roi. Si leur armée subit une défaite, il ne restera plus rien pour arrêter les musulmans et le royaume sombrera dans l'oubli. Si, de notre point de vue moderne, on pourrait être tenté de penser que notre cher Raymond a bien des raisons de ne pas sauver sa femme, les barons qui l'entourent restent sceptiques, car Raymond, avant de se repentir, a trahi quelques années plus tôt les chrétiens pour s'allier avec Saladin.

Mais les arguments du seigneur font mouche auprès de Guy de Lusignan : si combat il doit y avoir, autant laisser les musulmans s'avancer en terrain difficile et aride en profitant des positions fortes des chrétiens. Après avoir annoncé qu'il n'attaquerait pas le lendemain, Guy se retire dans ses appartements sous les accusations de lâcheté de Renaud de Châtillon.

Si l'affaire semble un instant entendue, Gérard de Ridefort, un autre baron, parvient à s'entretenir avec le roi durant la nuit. Faut-il vraiment faire confiance à Raymond de Tripoli qui a déjà trahi son clan, ses amis et qui est sur le point d'abandonner sa propre femme ? Que penseront les barons et le peuple d'un roi qui laisse envahir son territoire sans réagir ? La réputation de lâche dont n'arrive pas à se défaire Guy ne s'en trouverait que renforcée. Gérard menace alors Guy : si la bataille n'est pas ordonnée, les templiers, dont il est responsable, pourraient fort bien déserter...

Prendre le risque de perdre son armée et son royaume pour préserver son titre ou jouer la carte de la sécurité en perdant toute la crédibilité liée à son statut ? Guy fait un choix, la riposte de l'armée chrétienne ne tarde pas.

À l'aube du 3 juillet 1087, vers quatre heures du matin, Guy et ses forces se mettent en route. L'objectif est d'atteindre la cité de Tibériade, située à vingt-sept kilomètres, et de libérer ses occupants. L'armée se divise en trois colonnes avec des archers en tête, suivis de près par des chevaliers et leur monture. Les soldats sont ordonnés et, si les chevaux sont ralentis par les hommes à pied, l'allure est tout de même rapide. Mais la chaleur accable rapidement les soldats, alors que les réserves d'eau diminuent.

Quelques archers à cheval de Saladin s'approchent du cortège et décochent des flèches qui font leurs premières victimes. Puis d'autres arrivent et harcèlent les forces chrétiennes, vidant leurs carquois avant de repartir dans leur camp pour s'approvisionner en munitions. Vers dix heures, après six heures de marche, les croisés passent devant un premier puits d'eau. Pour une raison inexpliquée, ils ne s'arrêtent pas. Peut-être une présence accrue d'archers musulmans ou tout simplement un empressement de l'armée qui voulait arriver au plus vite à Tibériade.

Toutefois, dans l'après-midi, la soif commence à se faire sentir et les hommes étouffent dans leurs armures. Raymond de Tripoli suggère alors de modifier

le plan de route pour aller vers les collines de Hattin, à seulement cinq kilomètres de là, où une nouvelle source d'eau leur permettra de ravitailler les troupes. Mais la hâte des hommes à atteindre l'objectif désorganise complètement le cortège !

Les chevaliers partent avant les archers qui se retrouvent isolés. Les forces de Saladin continuent à harceler les hommes, et il devient de plus en plus évident aux yeux du roi Guy que ses soldats ne pourront pas se ravitailler le soir même. Il ordonne alors de planter les tentes pour passer la nuit, tandis que les musulmans les entourent.

Saladin ne projette pas d'attaquer tout de suite les chrétiens. Il préfère les épuiser pour réduire les pertes dans ses rangs. Durant toute la nuit ses hommes crient, tournent autour du camp de Guy. Les croisés veillent et angoissent, leurs gorges, tout comme celles de leurs bêtes, séchées par la chaleur, pendant que dans son camp le sultan fait livrer eaux et flèches grâce à ses chameaux, assurant la bonne forme de ses troupes pour le lendemain.

Au matin du 4 juillet, Guy rassemble ses hommes et part vers les sources de Hattin. Saladin l'observe tranquillement, il a déjà positionné des hommes pour barrer l'accès aux sources. À partir de neuf heures du matin, les musulmans lancent l'offensive sur les chrétiens, chargeant l'arrière-garde. Les dégâts sont maîtrisés par les chevaliers qui manquent cependant le coche en loupant leur contre-offensive. Vers midi, le choc des deux armées a enfin lieu. Les musulmans chargent l'arrière-garde et les flancs, paralysant complètement les croisés... Guy, à bout de forces, tente de monter quelques tentes afin de se protéger du soleil, mais sans grand succès. Saladin, ayant le vent en sa faveur, met le feu aux broussailles et la fumée vient envahir les poumons de croisés déjà bien affaiblis.

L'issue du combat semble inéluctable pour Guy de Lusignan qui tente alors le tout pour le tout. Il rassemble ses troupes en ordre de bataille et ordonne à Raymond de Tripoli de charger les troupes musulmanes avec leur cavalerie. Leur objectif est de disperser les musulmans et de tenter une percée jusqu'aux rives du lac de Tibériade. Mais les musulmans connaissent bien l'efficacité de la cavalerie des croisés. Au moment de la charge, les rangs de Saladin s'ouvrent littéralement et laissent passer les chevaux ennemis sans même les toucher. Raymond de Tripoli et ses hommes fuient vers la cité de Séphorie pour sauver leur vie.

L'échec est cuisant. Les soldats de Guy, démoralisés, courent dans tous les sens pour échapper à la mort. Seuls quelques chevaliers se rassemblent pour tenir la colline autour de la tente du roi. Bien que les récits mettent en valeur l'ardeur des derniers croisés au combat et leur résistance héroïque, ils tombent comme des mouches avant tout sous le coup de l'épuisement et de la soif.

Hugues de Saint-Omer[1] *luttait contre la fatigue, son sang battait à ses tempes tandis qu'une odeur de fer lui montait aux narines. Il secoua la tête violemment, essayant tant bien que mal de se remettre les idées en place. La plupart de ses frères d'armes gisaient sur le sol brûlant des collines de Hattin, la fumée leur piquait les yeux et leur brûlait la gorge. Comment avaient-ils pu se retrouver dans cette situation ?*

— Bernard[2] *! lança-t-il dans un râle.*

Un gémissement plaintif attira Hugues sur sa droite.

— Bernard...

L'homme avait la poitrine à vif, transpercée par une flèche dont la pointe s'était probablement enfoncée trop profondément pour que l'on puisse la retirer sans en arracher toute la peau. Le souffle bruyant de sa respiration indiquait que le malheureux n'en avait plus pour très longtemps.

— Je dois retrouver Ridefort et notre roi, la sainte relique[3] *est en danger ! Courage mon frère, nous nous retrouverons bientôt..., l'encouragea Hugues.*

---

1. Hugues de Saint-Omer est un personnage fictif. Son prénom fait référence à Hugues de Payns et son nom de famille à Godefroy de Saint-Omer, les deux fondateurs de l'ordre du Temple.
2. L'ami qui agonise, Bernard, est une référence à Bernard de Clairvaux, abbé qui par ses prêches a joué un rôle fondamental dans le lancement de la seconde croisade.
3. La fameuse « sainte croix » en danger fait référence à la vraie sainte Croix, celle sur laquelle aurait été crucifié Jésus, une relique chrétienne que Guy de Lusignan avait emmenée avec lui au combat et dont Saladin finit par s'emparer.

Tandis qu'il laissait le corps inerte derrière lui, il remonta la colline en direction de la tente royale. Les hommes se regroupaient autour des derniers vestiges du royaume de Jérusalem, ils savaient qu'une mort au combat serait plus glorieuse que le sort qui les attendait s'ils étaient pris. Une douleur fulgurante expédia violemment Hugues au sol. Sa jambe était tétanisée, ses doigts se mirent à labourer la terre ocre qui l'entourait et son cri sifflant entre ses dents serrées déchira le vacarme assourdissant des hommes de Saladin qui massacraient ses compagnons. Une partie de son mollet était en lambeaux, il n'arriverait pas à se relever. Son tabard blanc à croix rouge était taché, mais il ne savait pas s'il s'agissait de son propre sang.

Il ravala sa salive et se mit à ramper vers son objectif, il devait à tout prix rejoindre les autres. Après avoir parcouru quelques mètres, il s'aperçut avec horreur qu'il n'avait plus son épée depuis un moment déjà. Il avait envie d'appeler ses camarades, de hurler pour qu'on vienne le chercher, mais il savait que cela ferait de lui une cible facile. Il continua ainsi pendant plusieurs minutes avant d'atteindre la tente du roi. Un homme à la barbe grisonnante l'aida à se relever.

— Ça va, mon gars ? demanda-t-il en regardant Hugues droit dans les yeux.

— Je ne peux plus marcher, j'ai perdu... j'ai perdu mon épée..., bredouilla-t-il.

Le soldat dévisagea le templier avant de regarder autour de lui. Les forces musulmanes se rapprochaient d'un pas assuré tandis que les croisés haletaient au sol, annihilés par la chaleur.

— Calme-toi, fils, c'est bientôt la fin et on s'est bien battus. Saladin est un homme juste, il saura épargner les valeureux guerriers restés sur cette colline aujourd'hui.

— Ils nous tueront tous ! Les templiers et les hospitaliers !

— Tu perds la tête, fils, tout ira bien... Tout ira bien...

Au terme de cette longue et harassante bataille, Guy de Lusignan, roi de Jérusalem, tombe aux mains de Saladin en compagnie de plusieurs de ses barons. Près de trois cents templiers et hospitaliers sont décapités sur la place publique pour l'exemple, et tous les soldats turcs alliés des croisés qui les accompagnaient sont massacrés. Les nobles, quant à eux, sont tous capturés en vue d'être échangés contre une rançon. Tous, sauf un. Pour ses crimes et son irrespect, Saladin ordonne la décapitation de Renaud de Châtillon qui termine son aventure ici.

Les conséquences de cette défaite sont désastreuses. L'armée chrétienne est réduite à néant, des milliers de soldats ont perdu la vie en tentant de libérer la cité de Tibériade, la plupart des barons français sont captifs ou en mauvaise posture. En deux mois à peine, Saladin a repris Jérusalem. Son contrôle est presque total sur la région. Seul Conrad de Montferrat arrive encore à tenir la cité de Tyr. Guy est relâché un an plus tard par Saladin, qui pense que Conrad lui ouvrira les portes de la cité et se mettra en danger pour son roi, ce que bien évidemment il ne fait pas, reprochant à Guy une défaite qui a entraîné tout le royaume dans sa chute.

En 1189, après avoir été informés par Conrad en personne, Philippe Auguste, Richard Cœur de Lion et Frédéric Barberousse rassemblent leurs armées et marchent ensemble pour rejoindre ce qui reste des croisés. La troisième croisade commence.

Pendant ce temps-là dans le monde...

Depuis 1180, au Japon, la guerre civile fait rage entre le clan Minamoto et le clan Taira : c'est la guerre de Genpei. Ce conflit éclate quand le chef des armées du clan Minamoto, Minamoto no Yorimasa, décide de s'opposer au choix des Taira concernant le candidat au trône impérial. Cette même année, Yorimasa est pris au piège par les forces armées de Taira lors de la bataille d'Uji. Pour éviter la capture, il se fait *seppuku*, pratique qui consiste à se suicider en s'ouvrant l'abdomen avec un poignard. Il est considéré comme un des premiers hommes à s'être suicidés de la sorte, sacralisant cet acte qui s'est répandu les années suivantes. La guerre de Genpei se termine en 1185 par la victoire du clan Minamoto.

En 1184, le roi de Norvège Magnus V est à la tête d'une flotte de vingt-cinq bateaux. Il met les voiles en direction de la ville de Sogndal pour la défendre contre Sverre Sigurdsson qui projette de la mettre à sac, car les habitants refusent de payer leurs impôts. Magnus V attache tous ses navires les uns aux autres pour qu'ils soient plus stables. Lorsque Sverre l'attaque en obligeant les hommes de Magnus à quitter leur navire pour sauter sur un autre, il provoque des surcharges qui font couler les bateaux les uns à la suite des autres. La plupart des soldats du roi se noient, tout comme le roi lui-même, tandis que Sverre massacre les habitants de Sogndal comme il l'avait prévu.

Dans les années 1190, Temüdjin rassemble les tribus mongoles pour les unifier. Temüdjin est nommé khan et devient Gengis Khan. C'est le début d'un des plus grands empires que notre histoire ait portés.

Entre 1180 et 1190, le poète français Chrétien de Troyes meurt, laissant derrière lui de nombreux romans de chevalerie et des traductions d'autres œuvres.

En août 1191, Philippe Auguste se retire des croisades dans un état de santé très précaire. Il met plus de quatre mois pour revenir en France où la situation diplomatique est compliquée. Il décide de comploter avec Jean sans Terre contre Richard Cœur de Lion et provoque quelques années plus tard de violents affrontements entre la France et l'Angleterre.

En 1193, en Inde, l'empire de Muhammad Ghûrî est en pleine expansion. Son général Qûtb ud-Dîn Aibak envahit la région de Delhi et impose la religion musulmane sur l'ensemble du territoire. Il s'agit là du premier souverain musulman sur ces terres.

En 1197, alors que son royaume est à nouveau attaqué par les musulmans, Henri II de Champagne, roi de Jérusalem, tombe par accident d'une fenêtre de son palais. Il meurt sur le coup – il n'a que trente-trois ans.

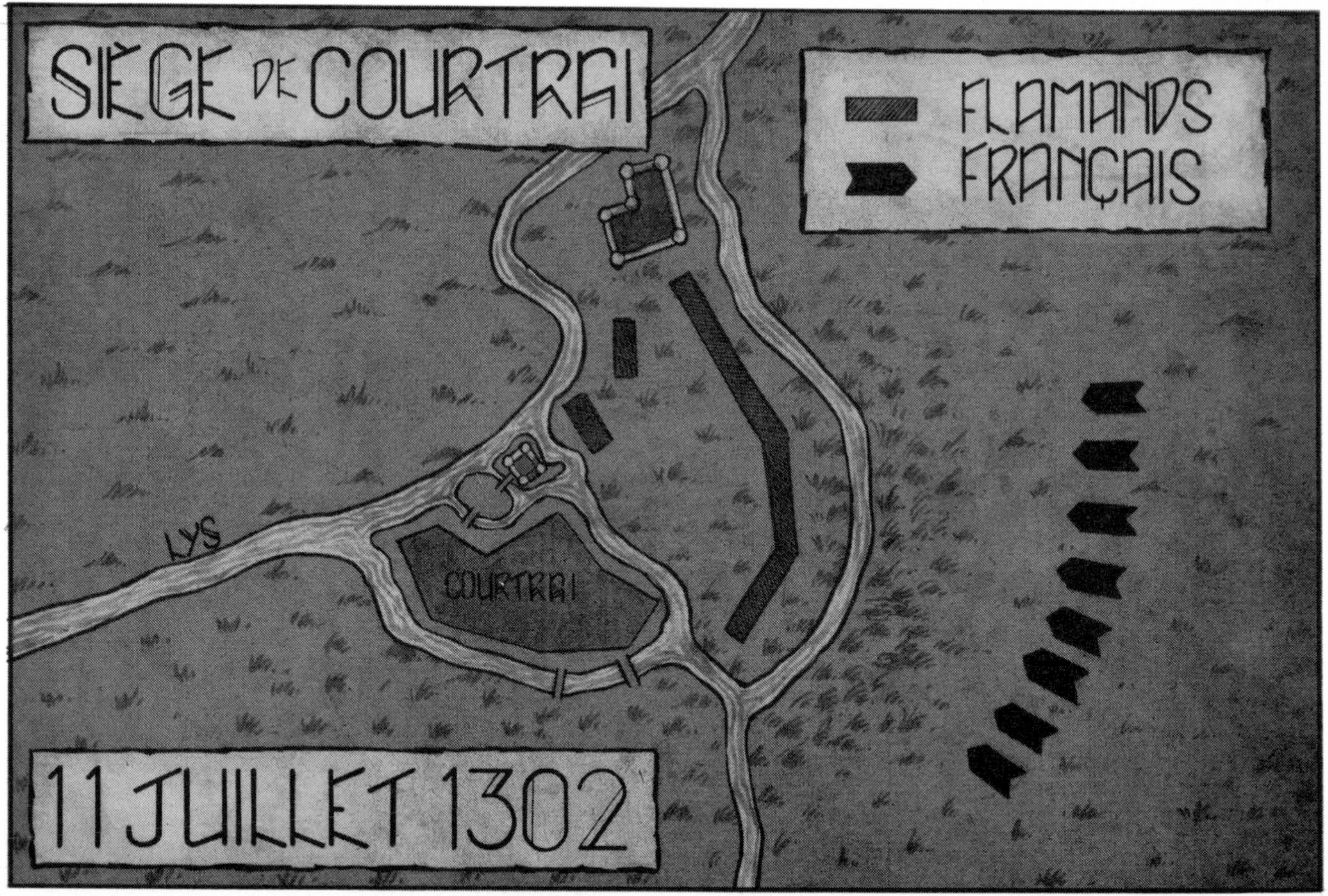
SIÈGE DE COURTRAI
FLAMANDS
FRANÇAIS
LYS
COURTRAI
11 JUILLET 1302

4

Courtrai, panique chez les nobles

Au XIIe siècle, le royaume de France est encore divisé en de nombreux comtés et principautés qui, chacun, défendent farouchement leur indépendance. Néanmoins, ces territoires doivent prêter allégeance au roi de France, faisant de ses princes et seigneurs des vassaux du roi. Cependant au cours de ce même siècle, le domaine royal, soit les terres appartenant directement au roi, s'étend sous l'influence, entre autres, de Philippe Auguste.

Au XIIIe siècle, les vassaux, jusque-là conviés afin de conseiller le souverain quand celui-ci en a besoin, perdent de leur influence et sont remplacés par des membres du clergé, plus compétents pour gérer les tâches administratives du royaume. L'essor technologique que connaît l'Europe permet le développement d'un commerce fleurissant et d'une situation très prospère. Certains comtés deviennent particulièrement riches en se spécialisant dans une production et en exportant leur savoir-faire aux quatre coins du continent. C'est notamment le cas du comté de Flandre qui connaît une très grande renommée dans le commerce de la draperie et qui devient une des régions les plus riches du royaume.

En 1280, Gui de Dampierre devient comte de Flandre et hérite d'une situation assez complexe. Une partie de son comté a en effet été promise au Saint-Empire romain germanique par sa défunte mère, alors que les nobles continuent d'être fidèles au roi de France et que le gros du commerce de la draperie s'effectue avec l'Angleterre.

Les ouvriers et les artisans se révoltent dans plusieurs villes pour protester contre la grande bourgeoisie qui les assomme de taxes trop élevées. Le petit peuple étouffe sous le poids d'une situation injuste. Gui, lui, tente de consolider son pouvoir en misant sur les ouvriers et les artisans, tandis que la noblesse se rallie dans sa grande majorité à la couronne de France, tenue par Philippe le Bel, surnommé « le roi de fer ». Voulant assurer sa mainmise sur le comté de Flandre, le roi de France met en place des impôts encore plus lourds, la population est prise à la gorge et le comte entame un bras de fer avec son suzerain. C'est ainsi qu'en 1296, après être venu en aide aux bourgeois de Valenciennes qui se dressent contre leur souverain, Gui doit plier devant la volonté de Philippe et laisser la ville aux mains des oligarques.

Pour préserver son « indépendance », le comte de Flandre tente alors, dans un formidable coup de poker, de marier sa fille Philippine au roi Édouard II d'Angleterre. Malheureusement, il échoue dans sa tâche et Philippe le Bel y voit là l'occasion parfaite pour justifier une intervention en Flandre afin d'annexer ce territoire une bonne fois pour toutes.

En 1297, il pénètre en Flandre grâce à Robert II d'Artois et ses soixante mille hommes, puis fait emprisonner Gui de Dampierre et ses deux fils. En 1298, l'Angleterre retire son soutien à la Flandre et fait la paix avec le royaume de France. Le Saint-Empire romain germanique, dans une situation de faiblesse certaine, promet de son côté à Gui de Dampierre des renforts qui n'arriveront jamais. En 1300, sans réelle résistance, puisque la haute noblesse lui est acquise, Philippe le Bel prend le contrôle du comté. Afin d'assurer son pouvoir, il nomme Jacques de Châtillon, le demi-frère de Robert II d'Artois, gouverneur de la région. Problème majeur, Jacques est avant tout un soldat, pas un diplomate. Son action est brute, la répression sévère, les taxes démesurées et la colère monte parmi le peuple : c'est la fracture.

Les artisans, ayant formé des corporations de métiers parfois puissantes au sein des villes, s'associent à certains nobles qui refusent l'ingérence de la France dans leurs affaires. Avec le peuple, ils constituent les « Klauwaards », une force de résistance dévouée à la Flandre. En face, la grande noblesse et les aristocrates ruraux se rejoignent sous la bannière des «Leliaards», en référence à la fleur de lys. Ils soutiennent corps et âme le royaume de France et Jacques de Châtillon.

Les premières grandes révoltes éclatent en 1301 à Bruges. Philippe le Bel, pour sa première entrée dans la ville, impose aux habitants une cérémonie bien connue de la région réservée à l'accueil d'un monarque : la Joyeuse Entrée. Les corporations de métiers et les autorités de la ville sont mobilisées pour faire honneur au roi lors d'une grande fête permettant à Philippe le Bel d'asseoir symboliquement son emprise sur la ville.

Seulement voilà, juste avant de repartir, il annonce aux Brugeois qu'ils devront payer les frais liés à cet événement. Des voix s'élèvent parmi les personnalités de la commune pour protester contre ces dépenses injustement imputées aux habitants ; c'est notamment le cas de Pieter de Coninck, un artisan tisserand – qui fabrique des tissus –, qui deviendra l'une des figures de la résistance flamande. Près de vingt-cinq opposants sont envoyés en prison, c'est l'émeute, le peuple descend dans la rue pour réclamer leur libération. Afin d'éviter un débordement qu'il ne pourrait maîtriser, Jacques de Châtillon décide d'accorder sa grâce aux frondeurs, mais fait bannir Pieter de Coninck de la ville pour éviter une nouvelle mobilisation bourgeoise contre lui.

En décembre 1301, Pieter revient dans la ville, il est acclamé par la foule et son autorité reconnue.

Craignant un retour de flamme des Klauwaards, Jacques de Châtillon réunit ses troupes et marche sur la ville. Il pose un ultimatum aux Brugeois rebelles : soit ils se rendent et se soumettent, soit ils quittent la ville dans le calme. Pieter et ses hommes choisissent la deuxième option et s'éloignent de Bruges, le 17 mai 1302.

Le lendemain matin, très tôt, c'est pourtant une véritable armée qui se présente en silence devant les murs de Bruges. Pieter, soutenu par les habitants de la ville, déclenche les « Matines de Bruges ». Les miliciens, dirigés par le tisserand, entrent dans les maisons, ouvrent les portes des chambres, puis massacrent les soldats français et tous ceux qui leur sont favorables. Les Leliaards sont quasiment exterminés et Jacques de Châtillon parvient de justesse à s'enfuir de la ville. Près de mille hommes perdent la vie en quelques heures. Cet épisode est le point de départ d'une révolte générale des Flamands pour leur indépendance, qui constituent des armées et sécurisent les villes du comté.

Dans sa fuite, Jacques de Châtillon fait halte dans la ville de Courtrai encore sous le contrôle du royaume de France. Il laisse en poste une trentaine de chevaliers avec leurs écuyers et poursuit sa route vers la France afin de prévenir Philippe le Bel en personne du massacre de Bruges. Il est bien décidé à prendre sa revanche en allant convaincre le roi de mobiliser des troupes. Le moins qu'on puisse dire, c'est qu'il réussit son coup !

Près de dix mille soldats se dirigent déjà vers Courtrai. Des archers, des fantassins, des piquiers et surtout de très nombreux chevaliers venus de tout le royaume de France répondent à l'appel du roi. Des nobles accourent même d'Italie pour rentrer dans ses faveurs. À la tête des forces françaises, Robert II d'Artois, considéré comme un chef militaire très compétent, y voit l'occasion rêvée de prendre sa revanche sur les Flamands, qui ont tué son fils quelques années plus tôt lors de la bataille de Furnes.

Du château de Courtrai, les troupes royales laissées en arrière voient converger plusieurs contingents flamands qui prennent possession de la ville sans toutefois attaquer la place forte. Les partisans de Pieter de Coninck sont rejoints par les forces de Gui de Namur et Guillaume de Juliers, respectivement fils et petit-fils de Gui de Dampierre, le comte de Flandre toujours emprisonné. Si les estimations sont relativement floues en fonction des sources, on estime qu'environ dix mille miliciens se rassemblent pour accueillir l'armée française.

Les Flamands savent que Robert II d'Artois n'a pas le choix. Pour atteindre le château de Courtrai – qui commence à manquer de vivres –, il doit attaquer par l'est. En effet, la ville est entourée de marécages et de bois, à l'ouest et au sud, difficilement traversables par des troupes à pied et à cheval. Au nord, l'accès est barré par le Lys, une rivière bien trop large pour être franchie, alors que les ponts entourant la ville sont détruits.

Le seul accès au château reste une plaine étroite, seulement accessible en franchissant un petit cours d'eau de trois mètres de large environ. Les troupes flamandes se déploient en trois lignes distinctes près de l'eau, lance au poing, et attendent l'armée ennemie, en approche le matin du 11 juillet 1302.

— *Cette foutu tourbière ne nous laisse pas le choix, on va devoir contourner la ville par l'est, Robert*[1].

Jacques avait le regard grave, il contemplait le ciel orange qui annonçait l'aube, tandis que Robert d'Artois serrait la bride de son cheval pour le faire stopper.

— *Une chance que tu t'y connaisses plus en stratégie militaire qu'en politique, n'est-ce pas ? répondit froidement le comte.*

Robert, l'air mauvais, se retourna et ouvrit la bouche pour répliquer, mais le regard insistant de Godefroy de Brabant, juste derrière lui, le persuada de ne pas moufter. Ce dernier interpella le chef des armées.

---

1. Tous les protagonistes présentés dans cette partie «fiction-née» sont réels. Tous périront dans l'attaque de Courtrai, y compris le jeune Jean, alors âgé de vingt et un ans.

— *Ces bourgeois ne savent pas combattre, Robert, pourquoi t'inquiètes-tu autant ? Regarde autour de toi, bon sang, tout le royaume a répondu à l'appel ! De Coninck doit souiller ses bottes à l'heure qu'il est... Pas vrai, fils ? lança-t-il.*

— *Oui, père, répondit un jeune homme derrière lui.*

Robert regarda alternativement le père et le fils, leurs yeux laissaient transparaître la même hardiesse, la même témérité. Il fit signe au jeune Jean de Brabant d'approcher.

— *Qu'est-ce que tu en penses vraiment ? Ne regarde pas ton père, c'est moi qui te pose la question.*

Jean, mal à l'aise, ne regardait plus directement Robert d'Artois. Il savait quel malheur avait frappé son propre fils quelques années plus tôt[1].

— *Je pense que Philippe, votre défunt fils, aurait eu un avis bien différent de celui de mon père, je le crains. Quelques accès sont possibles pour attaquer les flans des Klauwaards, mais on risque de perdre des chevaux[2]. Je dirais que l'endroit le plus sûr pour*

---

1. Jean de Brabant fait une référence au fils de Robert II d'Artois, Philippe, et au destin funeste qui l'a touché. Philippe d'Artois combattait aux côtés de son père contre les Flamands lors de la bataille de Furnes en 1297 durant laquelle il fut grièvement blessé. Malgré les soins qui lui furent prodigués et ses efforts, Philippe mourut près d'un an plus tard des suites de ses blessures.

2. L'attaque par les flancs qu'envisage Jean a en effet eu lieu, mais dans une moindre mesure. Sur des bandes de terre étroites, entre les marécages, les chevaliers pouvaient tout à fait circuler,

notre cavalerie se situe à la lisière de ce ruisseau là-bas.

Jean pointait du doigt le cours d'eau en contrebas. Il releva ses yeux et fixa Robert.

— Je pense que la charge frontale est l'option la plus envisageable, mais que leurs piques sont bien plus dévastatrices que mon père semble le croire. Ces gens ont peur et rien n'est plus dangereux qu'un lion sur le point de mourir[1].

Robert esquissa un sourire en regardant la mine déconfite de Godefroy.

— Si la hardiesse vient bien de toi, je n'en dirai pas tant de son pragmatisme.

Tous éclatèrent de rire et Godefroy fit reculer son cheval pour donner une tape amicale dans le dos de son fils. Leurs éclats contrastaient avec le calme apparent du matin. Dans quelques minutes, les pions seraient en place et la mêlée battrait son plein. Une mêlée à l'issue incertaine pour chacun d'entre eux, y compris le jeune Jean. Robert le savait plus que n'importe qui et savoura ce court moment d'insouciance autant qu'il le put.

---

cependant cela demandait une certaine prudence et ruinait les manœuvres rapides.

1. Jean fait également référence au lion en parlant des Flamands qui ont peur. Le lion est le symbole du comté de Flandre, présent sur toutes les armoiries.

À la tête de son imposante armée, Robert d'Artois envoie tout d'abord ces mercenaires archers afin de franchir le cours d'eau pour éloigner les Flamands et permettre à ses forces de prendre pied sur la plaine. Les flèches volent des deux côtés, les Flamands reculent et les fantassins sont envoyés en première ligne pour mater les miliciens.

Dans un premier temps, les Français semblent avoir l'avantage, mais le comte d'Artois se montre frustré de ne pas pouvoir miser sur sa cavalerie, faute de place disponible sur le terrain. Tandis que certains de ses conseillers lui suggèrent de se retirer et de couper tout simplement les approvisionnements des Flamands en attendant leur reddition, Robert décide à la surprise générale de rappeler ses troupes à pied afin de lancer la charge avec ses deux mille chevaliers.

Cette manœuvre est lente et laborieuse, les soldats battent en retraite de façon anarchique et les chevaux ont beaucoup de mal à passer, certains devant même emprunter les marécages, ce qui conduit plusieurs cavaliers à la chute.

Pendant ce temps-là, les forces flamandes reconstituent leurs forces, ils reculent légèrement leur ligne et attendent l'ennemi derrière un fossé difficilement visible du point de vue français. Les nobles flamands, voulant donner du courage à leurs hommes, abandonnent leurs montures et rejoignent les rangs des lanciers. Des prières se font entendre, la charge est aussitôt donnée par le comte d'Artois.

Trois fronts distincts sont alors créés dans la plaine, l'aile droite, le centre et l'aile gauche. Sur les deux ailes, le choc est terrible, mais les miliciens tiennent le coup. Nombre de chevaliers tombent dans le fossé, emportés par leur élan, se faisant piquer au sol comme du bétail. Les rangs serrés, les Flamands, des hommes du peuple pour la plupart, frappent à la tête des montures pour les cabrer et désarçonner leur cavalier. Quelques chevaliers français arrivent tout de même à traverser la mêlée, mais se retrouvent isolés au cœur de lignes ennemies. C'est le cas de Raoul de Clermont-Nesle, un des premiers grands nobles dévoué à Philippe le Bel, qui meurt l'épée à la main en refusant de se rendre.

Le véritable choc se concentre néanmoins sur le front central où la cavalerie parvient à enfoncer les lignes flamandes. Les hommes commencent à se disperser et à fuir tandis que les chevaliers accomplissent leur besogne en taillant vivement les chairs des résistants. Une partie de la réserve flamande vient alors en renfort, enveloppant les Français, hurlant au ralliement et tuant tout soldat de leur propre camp qui continuerait à fuir. La première vague française est submergée et, dans une étrange confusion, le second assaut est lancé par les Français pour venir en aide aux survivants.

Le terrain, de plus en plus boueux, gêne fortement la progression des chevaux et nombre de cavaliers n'atteignent même pas les lignes ennemies. Une fois de plus le centre est enfoncé, une fois de plus c'est la débandade dans les rangs flamands et une fois de plus les piquiers en réserve chargent les cavaliers et les repoussent. Robert d'Artois, voyant son armée périr sous ses yeux, décide de charger avec les quelques centaines de chevaliers qui lui restent pour venir en aide aux braves qui sont dans la mêlée et en train de se faire encercler par les Flamands. Lors de l'assaut, cette troisième vague croise les fuyards de la seconde, un homme prévient Robert que son beau-frère est mort, comme de nombreux nobles. La situation semble désespérée, mais dans une dernière charge héroïque le comte d'Artois abat son épée sur les miliciens flamands. Ses compagnons d'armes périssent les uns après les autres, il s'enfonce toujours plus loin dans les lignes et finalement tombe de son cheval au milieu de l'ennemi.

Conformément aux codes guerriers en vigueur, il tend tout de suite son épée vers les soldats et décline son nom et son statut, s'identifiant ainsi clairement afin d'être fait prisonnier. Malheureusement, si les leaders du mouvement insurrectionnel connaissent ces pratiques, ce n'est absolument pas le cas des artisans et des bourgeois qui constituent le gros des troupes flamandes et lui répondent qu'ils ne comprenaient pas le français. Robert II, comte d'Artois, trouve ainsi la mort par le fil de l'épée, la gorge tranchée par un boucher de Bruges, comme l'aurait été n'importe lequel de ses soldats.

Sans commandement, les forces françaises paniquent, elles se replient massivement en courant vers l'est. Dans la précipitation, beaucoup n'arrivent pas à sauter le ruisseau de trois mètres de large et tombent les uns sur les autres. Les noyades sont nombreuses, quand les soldats ne sont tout simplement pas achevés au fond du ruisseau. Les quelques braves restés combattre dans la plaine sont très rapidement encerclés par l'aile gauche qui se replie sur le centre de la plaine. En désespoir de cause, certains cavaliers mettent pied à terre et tentent de se faire passer pour des soldats flamands. Une ruse habile qui échoue malheureusement car la plupart des chevaliers français possèdent à ce moment-là des éperons d'or caractéristiques qui font d'eux des cibles bien faciles. Des éperons collectés et gardés par les vainqueurs avant d'être remis à la France bien des années plus tard, donnant à la bataille de Courtrai son célèbre surnom : la « bataille des éperons d'or ».

L'effectif des forces en présence n'étant pas précisément connu, il est difficile de dresser un bilan fiable de cet affrontement. Néanmoins, plus d'un millier d'écuyers auraient perdu la vie, ainsi que quelques centaines de chevaliers et près de soixante princes, barons et comtes. Robert d'Artois, Jacques de Châtillon, Godefroy de Brabant, Jean Ier d'Aumale... Une grande partie de la noblesse française est décimée lors de cette bataille !

Philippe le Bel essuie ici l'une des plus importantes défaites militaires de l'histoire de France. Certains nobles, prisonniers des Flamands, sont échangés contre des captifs. C'est ainsi que Gui de

Dampierre, le comte de Flandre, est relâché. La guerre dure trois années de plus avant que le traité d'Athis ne permette à la Flandre de devenir véritablement indépendante, le 23 juin 1305. Une indépendance dont Gui sera le grand absent, lui qui meurt après avoir été capturé de nouveau par les Français en mars de la même année.

Pendant ce temps-là dans le monde...

En 1243, Jayavarman VIII devient roi des Khmers – sur un vaste territoire, regroupant les actuels Cambodge, Laos et Thaïlande – après avoir renversé son prédécesseur. Il inscrit son règne dans les mémoires par une rupture avec la religion traditionnelle de l'empire et impose l'hindouisme, détruisant au passage une multitude de représentations de Bouddha. Après une folle période pendant laquelle il fait bâtir des temples, son empire subit de plein fouet l'invasion mongole de 1283. Il décide alors de payer un tribut annuel à ces envahisseurs afin de ne pas rentrer en conflit avec Kubilai Khan. Jusqu'en 1295, vieillissant, il arrive encore tant bien que mal à gouverner, tandis que certaines provinces se rebellent et prennent leur indépendance. Son fils, le prince héritier, est emprisonné cette année-là par un certain Indravarman, un haut fonctionnaire qui s'est marié avec la fille de Jayavarman lui-même. Indravarman profite de son statut au sein de l'empire pour faire pression sur son beau-père et le forcer à abdiquer.

En 1294, le pape Boniface VIII est élu aux plus hautes fonctions de l'Église catholique. Ancien avocat et notaire, Boniface est un pape ambitieux. Il prône la supériorité des papes, donc du spirituel, sur le pouvoir temporel des rois. En 1302, il couche d'ailleurs sa vision des choses sur papier en publiant plusieurs bulles pontificales – documents officiels du pape – qui vont dans ce sens. Il provoque ainsi rapidement la colère de l'empereur d'Allemagne Albert Ier, mais aussi et surtout de Philippe le Bel, roi de France. Ce dernier se révolte contre le pape en brûlant publiquement l'une des bulles pontificales. Mais Boniface VIII est loin de n'irriter que les monarques, et certains intellectuels, dont le célèbre poète Dante, n'hésitent pas à se moquer de lui. Dans *La Divine Comédie*, son œuvre la plus connue, rédigée entre 1307 et 1321, Dante réserve ainsi une place pour Boniface VIII dans le huitième cercle des enfers et plus particulièrement dans la fosse des simoniaques, où sont envoyés les malheureux qui vendent leurs services religieux contre de l'argent... Après que Philippe le Bel a tenté de faire renoncer le pape à sa charge, celui-ci meurt en 1303, à soixante-huit ans.

En 1290 à Delhi en Inde, Khaldji Firuz Chah, un ancien militaire devenu ministre, assassine son sultan. Il prend ainsi le pouvoir et devient le sultan Jalâl ud-Dîn Fîrûz Khaljî, fondateur de la dynastie des Khaljî, le 13 juin de la même année. En 1292, alors qu'une armée de cent cinquante mille Mongols attaquent, le neveu du sultan, Alâ ud-Dîn Khaljî, les repousse vaillamment. Devant cette victoire, le neveu se sent pousser des ailes, il organise un raid sans l'autorisation de son oncle en 1294 et, par soif de pouvoir, il finit par l'assassiner en 1296, ainsi que tous ceux qui pourraient s'opposer à lui. En 1303, Alâ ud-Dîn Khaljî se retrouve encore une fois devant une armée de plus de cent vingt mille soldats mongols en route pour assiéger Delhi. Heureusement, les murailles de la cité semblent indestructibles et les Mongols se retirent en saccageant toute la région. La suite de l'histoire est tout autant tumultueuse, les raids des Mongols se poursuivent et divisent le pays. Le sultan instaure un régime de plus en plus répressif avant de mourir d'un œdème en 1316. C'est son jeune frère qui est désigné comme sultan mais, trop jeune pour régner, il est placé sous la tutelle de Mubârak, qui finira par lui crever les yeux pour s'emparer du trône quelques mois plus tard.

AZINCOURT

25 OCTOBRE 1415

FANTASSINS ANGL.

ARCHERS ANGL.

FANTASSINS FRA.

ARBALÉTRIERS FRA.

5

Azincourt et la guerre de Cent Ans

À partir du XIe siècle, la France, et l'Europe dans
son ensemble, bénéficie d'une situation particulièrement favorable à son développement. Les villes sont
en pleine expansion et avec elles l'économie prospère. De plus en plus de terres sont cultivables et
cultivées, de nouvelles inventions permettent d'optimiser la production agricole, les famines disparaissent
et la population augmente considérablement.

Pendant près de deux siècles, ce contexte permet
aux nobles de s'enrichir et d'investir toujours plus
dans les infrastructures urbaines. La production se
spécialise, de nouveaux territoires sont accessibles,
notamment via les croisades, et par conséquent de
nouvelles voies commerciales s'ouvrent, apportant
leur lot de richesses et de matières premières. Le
royaume de France n'a jamais été aussi serein. Les
quelques conflits armés menés sont d'ailleurs de
franches réussites. Les Plantagenêts, qui dirigent
l'Angleterre et détiennent beaucoup de territoires sur

le sol français, sont ainsi repoussés à plusieurs reprises et ne bénéficient que d'une petite partie de l'Aquitaine.

Le roi, les seigneurs et le peuple vivent dans une paix relative durant cette période, cela ne peut durer. L'accroissement de la population se fait de plus en plus préoccupant à partir de la fin du XIIIe siècle. Les parcelles de terre cultivables deviennent ainsi trop petites pour suffire à chaque famille. Pire! le refroidissement climatique pendant le premier quart du XIVe siècle entraîne de si mauvaises récoltes que les paysans ne peuvent plus subvenir à leurs besoins. C'est le grand retour des famines! Les pauvres gens ne sont plus en mesure de payer leurs impôts, les finances sont en berne et, paradoxalement, cela provoque une augmentation des taxes pour contrebalancer le manque d'argent dans les caisses des nobles et du roi.

Les tensions sont palpables dans toute l'Europe, et l'Angleterre, éternelle rivale du royaume de France, n'est pas épargnée par la crise. Certaines zones géographiques, dépendant directement du commerce, sont alors les seules à résister à la morosité ambiante. La côte sud-ouest de la France, la Guyenne, produit ainsi énormément de vin qu'elle exporte vers l'Angleterre. Une région sous le contrôle des Plantagenêts mais pourtant vassale du royaume de France. La situation est à peu près la même en Normandie et en Bretagne où la production de sel, nécessaire pour conserver les aliments, génère des profits qui dissuadent les marchands de vendre de façon préférentielle leurs marchandises à l'Angleterre ou à la France. Dilemme que retrouvent les marchands de Flandres qui fabriquent principalement de la laine exportée à travers toute l'Europe. Pour les deux parties, il semble que la solution idéale soit la guerre ! Elle permettrait de lever de nouveaux fonds auprès de la population en légitimant cette démarche par la défense du territoire. Cette intuition est renforcée par le fait que les usages de la guerre ont profondément évolué depuis plusieurs siècles. Là où la mort était chose courante pour un noble qui partait au combat, ce n'est aujourd'hui plus le cas. Un noble vivant vaut bien plus qu'un noble mort et les demandes de rançon font alors partie du jeu politique, représentant même une source non négligeable de revenus pour la Couronne. Néanmoins pour déclencher de telles hostilités, qui ne sont pas sans conséquences, il faut une raison valable. L'Angleterre, loin d'être en position de force, ne tarde pas à la trouver dans les conflits dynastiques qui agitent la France.

En 1314, le roi de France Philippe le Bel décède après une chute de cheval. De ses trois fils, c'est Louis X, dit «le Hutin», qui hérite de la Couronne. Il décède à son tour en juin 1316 à l'âge de vingt-six ans, alors que sa femme est enceinte. En novembre, le petit Jean Ier naît fragile et meurt quelques jours plus tard. Tous les regards se tournent alors vers la fille de

Louis X, Jeanne II, âgée de cinq ans seulement. Les nobles ne veulent pas que le pouvoir échoue dans les mains d'une fillette qui risque de se marier à un étranger en lui donnant la couronne de France. C'est pourquoi ils convoquent une réunion en 1317 pour confirmer qu'une femme ne peut hériter du trône. Le frère de Louis X, Philippe V, devient ainsi roi de France. Mais le sort s'acharne sur la dynastie des Capétiens et Philippe meurt de dysenterie au début de l'année 1322. N'ayant également pas d'héritier, c'est dans les mains du troisième fils de Philippe le Bel, Charles IV, que la Couronne échoue avant qu'il ne meure lui aussi en 1328 ! En quatorze ans à peine, toute la lignée capétienne s'éteint et laisse le champ libre pour de nombreux prétendants qui revendiquent le trône.

Parmi eux, un certain Édouard III d'Angleterre, dont la mère, Isabelle de France, est la fille de Philippe le Bel : l'Angleterre tient enfin une occasion de regagner les terres qu'elle a perdues au cours des derniers siècles. Cependant la décision des nobles français de ne prendre en considération qu'un descendant mâle dans la succession de la Couronne écarte Isabelle et son fils. La couronne est attribuée au neveu de Philippe le Bel : Philippe VI, le premier roi de la dynastie des Valois.

Isabelle de France prend cette nouvelle comme un affront, d'autant que Philippe exige qu'Édouard III vienne lui prêter allégeance. En effet, en posant la couronne d'Angleterre sur sa tête, Édouard devient également duc d'Aquitaine, une région contrôlée par les Anglais mais sous souveraineté française. Théoriquement, Édouard est donc le vassal de Philippe, ce qui constitue une humiliation pour Isabelle. Refusant tout d'abord d'honorer ses devoirs, Édouard finit par reconnaître Philippe VI comme roi de France et souverain d'Aquitaine pour apaiser les tensions entre les deux royaumes.

En 1332, voulant redorer par tous les moyens le blason de l'Angleterre, Édouard décide de reprendre les terres d'Écosse, perdues quelques années plus tôt. Il lève une armée et entame un conflit qui s'étale sur plus de vingt ans. Problème, la France est alliée à l'Écosse et la soutient militairement pour lutter contre la domination anglaise. Les querelles s'intensifient, les prises de position également. En représailles, Édouard III interdit l'exportation de matières premières, telle la laine, notamment vers la Flandre, et prive ainsi les artisans et marchands de cette province française d'une part indispensable de leurs revenus. Philippe VI décide, quant à lui, de reprendre l'Aquitaine et provoque une réaction fulgurante d'Édouard qui revient sur ses prétentions au trône, se proclame roi d'Angleterre et de France et incorpore les armoiries françaises à son propre blason. C'est le début d'un conflit hors norme que les historiens qualifient aujourd'hui de «guerre de Cent Ans».

Les hostilités ne sont pas déclenchées directement, car chaque nation doit se préparer convenablement pour affronter l'autre. Pendant près de dix ans c'est ainsi, par des jeux diplomatiques et économiques, que se noue le conflit. La France prend tout d'abord l'initiative en soudoyant des navires de Gênes pour se mettre au service de la Couronne. Des blocus maritimes sont organisés pour couper l'approvisionnement d'Édouard III et progressivement l'Angleterre est asphyxiée par le manque de matières premières et de revenus. En Flandre, sous domination française, ces interdictions de commercer avec l'Angleterre passent mal. Tandis que la population se soulève et se rallie à Édouard, la flotte de Philippe établit un barrage directement à la source en bloquant les ports de Flandre avec ses navires. Le 24 juin 1340, ne pouvant laisser la situation s'envenimer, les navires d'Édouard lancent une offensive sur le blocus français. Le roi d'Angleterre lui-même, à bord du *Thomas*, dirige ses troupes pendant la bataille. Dans un premier temps, l'avantage est aux forces françaises, le navire d'Édouard est même abordé et le roi blessé à la cuisse. Mais un changement de conditions météorologiques soudain bouleverse l'équilibre de la bataille. La flotte flamande, jusque-là bloquée dans son port, vient en soutien de l'armada anglaise. C'est la débandade et en quelques heures à peine près de quinze mille hommes au service de la Couronne française meurent noyés. La bataille de l'Écluse est ainsi une grande victoire d'Édouard III, lui permettant de poser sa domination sur les mers après l'anéantissement quasi total des navires de Philippe. Il ne reste désormais rien pour empêcher les Anglais de débarquer en France.

Édouard redoute un affrontement direct avec les forces de Philippe car sa cavalerie, très puissante, pourrait réduire ses forces à néant. Pendant plusieurs années, l'Angleterre envoie donc de petites armées, principalement composées de cavaliers, qui parcourent les campagnes françaises en ravageant tout sur leur passage. Ces pillages, qui s'étalent dans le temps, permettent le financement de l'armée d'Édouard en récoltant des ressources et des biens. C'est aussi l'occasion pour lui de détruire tous les outils de production agricole afin d'appauvrir la région et le pays. Mais plus que ça, c'est surtout un moyen de décrédibiliser Philippe VI dans son propre royaume. Si le roi de France n'est pas capable de protéger ses sujets, comment pourrait-il gouverner le royaume ? Au-delà de ces chevauchées destructrices, Édouard débarque en 1343 en Bretagne et capture la ville de Brest. En 1345, Henri de Lancastre, sous les ordres directs du roi d'Angleterre, pose le pied à Bordeaux et reconquiert une partie de l'Aquitaine. Il faut attendre l'été 1346 pour que la première grosse offensive anglaise soit lancée en France. Édouard envahit la Normandie avec près de quarante mille hommes et pille pendant plusieurs jours la ville de Caen. De nombreux chevaliers sont capturés, puis rançonnés comme le veut l'usage de l'époque, permettant ainsi au vainqueur de se remplir les poches.

Tandis que Philippe VI rassemble ses forces, Édouard, lui, tente de rejoindre la Flandre afin de faire la jonction avec ses alliés. Il franchit tout d'abord la Seine sans encombre, puis la Somme après avoir défait les forces françaises durant la bataille de Blanquetaque. Talonné par Philippe et ses quelque cinquante mille hommes, Édouard se retrouve acculé près de Crécy-en-Ponthieu. La situation semble précaire pour les Anglais qui doivent combattre à un contre trois.

Posté sur les hauteurs d'un plateau, Édouard installe des rangés de pieux pour faire barrage aux charges de cavalerie françaises. Derrière cette ligne de défense se tiennent les archers qui composent près des deux tiers des troupes d'Édouard. Depuis les affrontements contre l'Écosse, ils constituent un des atouts majeurs de l'armée anglaise. Le roi a fait du tir à l'arc le sport national et les arcs eux-mêmes ont été perfectionnés, devenant de redoutables armes de guerre. Portée, puissance, cadence de tir, les archers possèdent donc tout ce qu'il faut pour dominer l'ennemi dans un combat à distance.

Le 26 août 1346, en début d'après-midi, un orage éclate, alors que les troupes de Philippe VI se mettent en position. Les arbalétriers génois, alliés de la couronne de France, sont en première ligne, prêts à faire pleuvoir leurs carreaux sur les Anglais. Malheureusement, la pluie intense détend les cordes des armes, les rendant faiblardes et imprécises. Les Anglais, quant à eux, multiplient les salves de flèches meurtrières grâce à leurs arcs. Les Génois, désemparés, décident de se retirer afin de se réorganiser. La cavalerie française, ne tenant alors plus en place, décide de charger. Aveuglés par la fureur, les cavaliers français n'hésitent pas à massacrer au passage quelques arbalétriers génois, leurs propres hommes donc, qui fuient les projectiles anglais.

La boue ralentit cependant les chevaux, qui bien vite se trouvent également exposés au tir des Anglais. Par centaines, ils tombent sur le champ de bataille, tandis que les charges se succèdent dans le chaos, essuyant les échecs jusqu'à la tombée de la nuit.

Au matin du deuxième jour, une charge de cavalerie française arrive cependant à percer la ligne d'archers anglaise. Si l'impact est important sur le moral des Anglais, qui voient leurs troupes à pied se faire massacrer, les chevaliers d'Édouard viennent bien vite cueillir les forces françaises isolées et en sous-nombre au milieu de l'ennemi.

Par la seule puissance de l'arc, les Anglais remportent ce jour-là l'une des plus brillantes victoires sur le royaume de France. Près de mille cinq cents chevaliers trouvent la mort à Crécy, dont plusieurs membres de la haute noblesse française. Le duc d'Alençon, frère de Philippe VI, périt avec eux dans la bataille. Le roi fuit après avoir été blessé au visage, trouvant refuge non loin de là. La victoire d'Édouard III est totale. À la suite de la défaite des Français, il prend la direction du nord et assiège la ville de Calais. Un siège qui dure près de onze mois et qui voit la ville tomber aux mains des Anglais.

Pendant près de dix ans, le conflit est laissé entre parenthèses, car la terrible peste noire envahit l'Europe et décime les populations. Du côté français aussi bien que du côté anglais, les pertes civiles et militaires sont absolument énormes. Près d'un tiers de la population anglaise meurt de maladie. Dans ces circonstances, il faut avant tout panser ses plaies et se remplumer en unités avant de pouvoir envisager un nouvel assaut.

En 1350, Philippe VI trouve la mort. C'est son fils Jean II, dit « le Bon », qui prend le contrôle d'un royaume au bord de l'implosion. Au-delà de la peste, l'économie est faiblarde et le peuple méfiant vis-à-vis de la dynastie des Valois qui, jusque-là, n'a rien amené de bon au pays. L'occasion rêvée pour des prétendants au trône de justifier une prise de pouvoir...

Charles II de Navarre, issu de la lignée de Philippe le Bel par sa mère Jeanne, manœuvre ainsi à partir de 1353 contre Jean II afin de récupérer la couronne de France. Pour le contrer, Jean est obligé de lever des impôts afin de financer une armée, alors que le peuple est déjà pris à la gorge. Charles réunit de nombreux opposants et parvient par des jeux diplomatiques à arracher de nombreuses terres au roi. Face à la menace, Jean décide alors de porter un coup décisif aux prétentions de cet usurpateur. Il fait capturer Charles et exécuter tous ses compagnons.

Malheureusement pour lui, cela ne calme pas les ardeurs des partisans de Charles, bien au contraire. Le frère de Charles, Philippe de Navarre, s'allie aux Anglais et une grande partie de la Normandie se joint à Édouard III qui trouve ici les renforts nécessaires pour reprendre sa campagne contre la couronne de France. Édouard III confie des unités à son fils, Édouard de Woodstock, dit «le Prince Noir», qui accoste à Bordeaux avant de remonter vers la Loire où il pille le territoire et sème le chaos dans les campagnes.

Jean le Bon, voulant intercepter le prince anglais au plus vite, se sépare de la moitié de son armée, s'élançant avec près de quinze mille cavaliers pour aller plus vite et le rejoindre vers Poitiers. Le Prince Noir, ayant moitié moins d'hommes sous la main, propose à Jean de rendre les butins dérobés lors de sa chevauchée sur le territoire pour éviter le combat. Une trêve de sept ans est même proposée au roi de France pour laisser partir les Anglais. Mais celui-ci refuse, voyant là une bien belle occasion de réaffirmer son pouvoir devant tous ses sujets.

Le 19 septembre 1356, l'avant-garde française, divisée par une querelle entre deux commandants, charge de manière désordonnée les troupes d'Édouard de Woodstock. Les cavaliers tombent dans de nombreux pièges tendus par les Anglais. Des archers surgissent derrière des buissons et des haies et font une fois de plus la démonstration de leur efficacité. L'avant-garde est décimée et Jean le Bon, pour donner du courage à ses hommes, prend lui-même l'épée. Cependant une grande partie de ses hommes l'abandonne face au fiasco qui se déroule sous leurs yeux : les soldats français, bloqués par le terrain, s'agglutinent, se cognent, se gênent et, surtout, tombent sous les flèches. Pour éviter le déshonneur de la fuite, Jean décide de résister coûte que coûte, jusqu'à la mort.

Le bilan de la bataille de Poitiers est extrêmement lourd. Près de deux mille cinq cents cavaliers et une quinzaine de nobles perdent la vie, deux mille autres sont faits prisonniers, tout comme le roi Jean et son fils. Le Prince Noir ne perd de son côté que quelques centaines d'hommes, une réussite au-delà de ses espérances qui met le royaume de France à genoux.

En 1358, une partie des nobles français décide de faire libérer Charles II de Navarre afin de reprendre la situation en main et de les protéger contre les menaces qui pèsent sur eux. En effet, le peuple se retourne un peu partout contre ses seigneurs quand, à Paris, même les marchands se réunissent autour du prévôt Étienne Marcel qui prend le pouvoir. Les affrontements éclatent de toute part, c'est une véritable guerre civile qui ravage la France. En 1360, après quatre ans de détention, Jean II le Bon est relâché à la suite du traité de Brétigny. Mais cela n'est pas sans conséquence car la rançon pour cette libération est colossale, près de 3 millions d'écus ! En plus de cette somme astronomique que le royaume ne possède pour l'instant pas, Jean cède à l'Angleterre tout le sud-ouest du royaume de France qui se trouve là amputé de près d'un tiers de son territoire.

C'est au cœur de cette tourmente française que surgit un espoir, incarné par le jeune dauphin et futur Charles V. Accompagné de son fidèle et célèbre guerrier Bertrand Du Guesclin, il tâche à partir de 1363 de remettre de l'ordre dans le royaume. Le dauphin écrase tout d'abord les prétentions sur le trône de Charles II et commence à pacifier le pays. À la mort de son père Jean le Bon en 1364, il monte sur le trône en ayant la ferme intention de reprendre les terres laissées aux Anglais. Pendant quatre ans, il use de sa diplomatie pour nouer des alliances avec ses voisins, soit par le mariage, soit en les aidant militairement. Grâce aux impôts levés pour payer la rançon de son défunt père, impôts qu'il maintient pour entretenir son armée sans le verser à Édouard III, il reconstitue une force armée capable de rivaliser avec l'Angleterre.

Prenant le prétexte d'un conflit entre deux nobles et le Prince Noir, Charles V, qui se sent les épaules assez solides pour réactiver le conflit, confisque l'Aquitaine. Commence alors une nouvelle phase de la guerre pendant laquelle le roi de France tâche de reconquérir le territoire perdu quelques années plus tôt. Mais au lieu d'entamer les hostilités en envoyant ses hommes au combat dans de grandes batailles rangées, il laisse Bertrand Du Guesclin user de ses talents de stratège.

L'action française se concentre ainsi sur des escarmouches, des ruses et des sièges qui permettent à la France de grignoter les possessions anglaises, ville par ville. Cette tactique est un véritable succès et, parmi les hauts faits du connétable Du Guesclin, on peut noter l'utilisation d'une ruse dite du «cheval de Troie»[1]. Ainsi, au château de Chizé, contrôlé par les Anglais, les soldats d'Édouard chargent, alors qu'ils sont en surnombre, équipés d'une armure extrêmement efficace contre les coups au ventre. D'abord surpris par cet engagement brutal, Bertrand Du Guesclin donne l'ordre à ses hommes de cibler les parties faibles de l'armure ennemie. La bataille est une véritable boucherie et les observations du chef de guerre français permettent à ses troupes de se fournir grassement en uniformes anglais. À la suite de cette sanglante bataille, il déguise ses troupes et avance sur Niort, en 1373. Les ennemis, ne se doutant de rien à la vue d'autant d'uniformes anglais, baissent le pont-levis de la ville. Niort est ainsi libérée en minimisant grandement les pertes des deux côtés.

Pendant près de dix ans, cette stratégie s'avère payante. Si bien que les Anglais ne possèdent plus, à la mort de Charles V en 1380, que Bordeaux, Calais, Cherbourg et Brest. Édouard III décède également

---

1. Selon la légende, relayée par Homère dans *L'Odyssée*, lors de la guerre de Troie, sur l'initiative d'Ulysse, les Grecs réussissent à pénétrer dans Troie, assiégée en vain depuis dix ans, en se dissimulant dans un grand cheval de bois, harnaché d'or, offert aux Troyens.

durant cette période, tout comme son fils le Prince Noir. L'Angleterre traverse une grave crise, tandis que la France, après le règne exceptionnel de Charles V, souffle enfin de nouveau. Chaque royaume panse alors ses plaies et se replie sur lui-même.

En France, les années suivantes sont marquées par le règne de Charles VI, un roi bon mais sujet à des crises de démence extrêmes qui poussent ses oncles et les principaux ducs du royaume à former un conseil de régence, dirigé par la reine, pour gouverner le pays. Parmi ces ducs, Louis d'Orléans, le frère du roi, semble avoir une grande influence sur la reine et veut chasser définitivement les Anglais du territoire au début du XVe siècle. Une vision avec laquelle certains ne sont pas vraiment d'accord et en particulier Jean sans Peur, duc de Bourgogne. Maître de la Flandre, il craint que les hostilités renouvelées envers les Anglais ne mettent en danger l'économie de sa région. La confiance que la reine accorde à Louis d'Orléans le met également mal à l'aise car il sent le pouvoir lui glisser entre les doigts. C'est dans ce contexte de tensions politiques que Jean sans Peur fait assassiner Louis d'Orléans en 1407 pour reconquérir ce pouvoir perdu. Il avoue même son crime au roi fou qui lui pardonne d'avoir tué son propre frère. Charles d'Orléans, fils de Louis d'Orléans, épouse la fille de Bernard VII d'Armagnac, un seigneur puissant auquel de nombreux hommes sont fidèles. La querelle entre les Bourguignons et les Armagnacs entraîne le royaume dans une véritable guerre civile dont le roi d'Angleterre, Henri V, compte bien profiter.

Dans un premier temps, Paris est aux mains des Bourguignons, mais suite à de nombreux massacres perpétrés par des alliés de Jean sans Peur, la population, tout d'abord conciliante, réclame leur départ et l'aide des Armagnacs. Chassé de Paris, le duc de Bourgogne lorgne alors du côté de l'Angleterre et des aides qu'une alliance pourrait lui procurer. Une aide que convoitent également les Armagnacs en promettant à Henri V d'Angleterre leur coopération s'il ne se range pas à l'avis des Bourguignons. Pour Henri cette situation est miraculeuse car elle lui permet de négocier avec les deux parties en même temps afin de tenter d'obtenir un accord très favorable. La Couronne française décide à la suite des négociations d'offrir la main de Catherine, fille du roi Charles VI, ainsi que les terres d'Aquitaine que les Anglais avaient perdues pendant la première phase de la guerre de Cent Ans. Cependant Henri V veut la Normandie que les Français lui refusent. Il rejette donc la proposition française et décide carrément de rouvrir les hostilités avec la France. En août 1415, il débarque en Normandie avec des milliers d'hommes et pose le siège de la ville de Harfleur. Après un mois et demi de résistance, dans l'attente d'une aide française qui ne vient pas, la ville capitule et tombe sous le joug des Anglais. Pour Henri V la situation est tout de même préoccupante, il ne prévoyait pas un siège aussi long. La saison est déjà bien avancée, ses hommes sont épuisés et une partie d'entre eux souffrent même de dysenterie. Il laisse donc la moitié de son armée en garnison à Harfleur et décide de rallier Calais, déjà sous possession anglaise, afin de rejoindre l'Angleterre.

L'occasion est trop belle pour la couronne de France qui convoque tous les nobles afin d'intercepter l'armée d'Henri et de mettre fin une bonne fois pour toutes à ces agressions. La grande majorité répond ainsi à l'appel, mais malgré la trêve éphémère entre Armagnacs et Bourguignons pour contrer l'Angleterre, Jean sans Peur refuse d'engager les Bourguignons dans la bataille. Une décision qui ne fait pas l'unanimité, y compris dans son camp, où ses propres frères Antoine de Brabant et Philippe de Bourgogne désobéissent à ses ordres en rejoignant les forces du roi. Les troupes françaises, après plusieurs jours de poursuite, rattrapent les Anglais, le soir du 24 août 1415, à Azincourt. Elles sont conduites par Charles Ier d'Albret, le cousin de Charles VI, le roi ayant été mis à l'écart de la bataille avec son fils afin qu'ils soient épargnés en cas de déroute. Les Français sont trois fois plus nombreux que l'ennemi, la plupart des nobles présents impatients d'en découdre avec les troupes adverses. Quelques hommes, le duc de Berry en tête de liste, émettent cependant des réserves et proposent de laisser partir Henri V, car les conditions, notamment météorologiques, ne sont pas optimales pour remporter une grande victoire. Des doutes qui sont rapidement écartés par le commandement qui prend la décision d'attaquer dès le lendemain matin. La nuit s'annonce longue, pluvieuse et épuisante.

À l'abri somme toute relatif des branches d'arbres, Jean tentait vainement d'essuyer l'eau qui ruisselait sur son visage. Ses pieds s'enfonçaient dans la terre et, à l'aide de son autre main, il prenait appui sur l'écorce des bois pour éviter la chute. À quelques mètres, Charles s'entretenait avec le comte d'Aumale[1]. Il se dirigea précautionneusement vers ses compagnons d'armes et interrompit leur conversation.

— Les nouvelles ne sont pas bonnes, j'en ai bien peur, lança-t-il.

— Pourquoi donc ? demanda Charles. Nous sommes trois fois plus nombreux que ces traîtres !

— Certes, mais le terrain n'est pas en notre faveur. Cette clairière n'est pas le terrain idéal pour affronter les Anglais et je crains que le plan d'attaque que j'avais préparé ne puisse pas être pris en compte dans les conditions actuelles. Le front est beaucoup trop étroit, on ne peut pas disposer de nos troupes aux endroits stratégiques initialement prévus.

— Votre problème, Jean[2], c'est que vous voyez toujours le verre à moitié vide.

---

1. Le comte d'Aumale, Jean VII d'Harcourt, dirige les troupes à pied qui composent le corps principal des forces françaises. Il est également fait prisonnier par les Anglais.
2. Le personnage de Jean est Jean II Le Meingre, alias Boucicaut, maréchal de France, qui, au côté de Charles Ier d'Albret, dirige les troupes d'Azincourt. Préalablement à l'affrontement, il

Charles se retourna vers le comte d'Aumale.

— Vous avez confiance en vos troupes ?

Pris au dépourvu, le comte bredouilla une réponse qui semblait affirmative et Charles, le sourire aux lèvres, s'en trouvait apparemment très satisfait et soutint le regard du maréchal.

— Jean, je suis conscient que mes hommes sont fatigués, mais moi aussi je leur fais confiance pour bouter l'ennemi hors de nos terres ! On ne va pas laisser une grosse averse se mettre en travers de notre destin, n'est-ce pas[1] ?

— Cette averse..., comme vous le dites si bien, rend nos arbalètes totalement inutiles. Les cordes sont trempées, elles ne se bandent plus[2]. Notre force de frappe à distance est nulle, comment tenir l'ennemi en respect dans ces conditions ?

---

dresse effectivement un plan d'attaque en fonction des troupes disponibles. Un plan qui ne peut pas être appliqué lors de la bataille d'Azincourt en raison des conditions climatiques et du terrain, les pires possibles pour croiser le fer avec les Anglais. S'il n'est pas vraiment d'accord avec le plan exécuté lors de la bataille, Jean II combat tout de même et se retrouve prisonnier des Anglais à l'issue de l'affrontement. Il est emmené en Angleterre et meurt en captivité six ans plus tard.

1. Il semble qu'en réalité Charles Ier d'Albret n'est pas si convaincu de la tactique consistant à foncer tête baissée sur les lignes ennemies avec la cavalerie, bien au contraire. Cependant il se plie à l'avis des autres nobles qui font pression sur lui pour charger le lendemain. Il meurt au cours de la bataille.

2. À l'époque, les cordes des arbalètes françaises sont principalement faites avec des cheveux qui perdent en élasticité lorsqu'ils sont mouillés, à l'inverse des cordes des arcs anglais qui sont réalisés à l'aide de chanvre ciré pour éviter ce genre de problème.

108

Charles fit un rapide pas vers Jean.

— Comment ? Nous sommes des hommes d'expérience ! Ne l'oubliez pas ! Nous enfourcherons nos montures et chargerons ces maudits archers. Ils n'auront pas le temps de réaliser leur défaite qu'Henri sera déjà le fessier à l'air...

— Vous êtes le connétable, Charles, je conseille, vous décidez. Mais, sachez-le, notre témérité nous vaudra bien des maux si l'on ne considère pas notre ennemi à sa juste valeur. Notre fierté est parfois notre pire ennemie...

Jean tourna les talons et repartit en direction de ses hommes, laissant Charles à sa réflexion.

Au petit matin du 25 août 1425, les délégations française et anglaise se rencontrent afin de pouvoir négocier une trêve. Complètement à bout de force, les Anglais proposent au connétable Albret de lui rendre plusieurs villes, y compris Harfleur récemment capturée, en échange d'un libre accès à Calais. Une proposition aussitôt refusée qui entraîne l'affrontement des deux armées en milieu de matinée. Henri V, dont l'armée est principalement composée d'archers, se tient sur les hauteurs. Le terrain est glissant, totalement imbibé par l'eau de la nuit. Le moindre pas en direction de la ligne ennemie demande un effort considérable pour se libérer de la boue. De plus, les Anglais ont profité de la nuit pour installer des pieux devant leurs archers afin de gêner la progression de la cavalerie.

Mais ces pièges n'effraient pas les Français, trois fois plus nombreux que l'armée anglaise. Malheureusement, la zone de combat est limitée sur deux flancs par la forêt. Les cavaliers ne peuvent se déployer que sur huit cents mètres au plus, ne faisant que provoquer un agglutinement qui ne présage rien de bon. Les mêmes erreurs commises à Poitiers et Crécy se répètent une nouvelle fois et se révèlent fatales.

La cavalerie est lancée dans la plaine, les chevaux trébuchent, leurs sabots glissent sur la terre meuble de la clairière. Les archers anglais, séparés en deux contingents placés à droite et à gauche d'Henri V, décochent leurs salves de flèches simultanément. Le carnage est absolu, les hommes chutent de leur monture et se retrouvent sans défense au sol où ils sont tués ou capturés. Les hommes à pied volent à leur suite, tandis que les arbalétriers, bloqués à l'arrière de la clairière, ne peuvent que difficilement intervenir. Des milliers de flèches criblent l'armée française qui parvient tout de même, pendant un court instant, à atteindre les lignes ennemies avant d'être repoussée. La confusion est totale parmi les troupes et les difficultés de déplacement des cavaliers, incapables de sortir de cette boue, rendent les captures très faciles. Après quelques heures de combats, le sort de la bataille est joué. Une immense partie de l'armée française est décimée et de très nombreux prisonniers sont aux mains des Anglais. Des prisonniers qui valent beaucoup d'or et qui permettront à la couronne d'Henri V d'affaiblir considérablement l'économie française.

Cependant le seigneur d'Azincourt profite de la fin de la bataille pour attaquer le campement anglais. L'objectif, loin d'être de renverser le cours de la bataille, est surtout de piller une partie des affaires royales d'Henri V. Ce rassemblement soudain de troupes fait craindre au souverain anglais un conflit, dont profiteraient les prisonniers pour s'échapper. Préférant sécuriser sa position, il ordonne à ses hommes – pratique très controversée pour l'époque ! – d'exécuter les captifs, excepté les grands seigneurs. Même si tous ne passent pas par le fil de l'épée, de nombreux nobles sont égorgés et laissés morts sur le champ de bataille. Les survivants sont emmenés en Angleterre et ne seront libérés qu'en échange de rançons conséquentes... parfois près de vingt ans plus tard.

Reproduisant les erreurs du passé, les Français subissent à Azincourt l'une des plus grandes défaites de l'histoire de France. Les Anglais ont le champ libre pour prendre le pouvoir, alors qu'en 1420 Henri V est couronné roi de France. Le pays sombre de nouveau dans la guerre civile, il faudra attendre 1429 pour qu'une certaine Jeanne d'Arc mène la contre-attaque qui permettra à la France de remonter la pente.

Pendant ce temps-là dans le monde...

En 1402, Bajazet Ier, sultan de l'Empire ottoman, subit une grave défaite face à l'armée mongole à Ankara. Il meurt après un an de captivité, laissant derrière lui cinq fils. L'interrègne ottoman commence alors et dure près de dix ans. Une décennie durant laquelle les cinq fils de Bajazet s'affrontent pour le contrôle du territoire, se proclamant chacun sultan de leur région. En 1413, après avoir éliminé tous ses frères, Mehmed Ier Çelebi monte sur le trône et restaure l'Empire ottoman.

À partir de 1405, l'empereur de Chine Ming Yongle veut développer l'influence de l'empire et conquérir de nouveaux territoires. Cependant, il préfère jouer la carte diplomatique plutôt que celle de la guerre. Yongle envoie ainsi le «grand eunuque impérial», l'amiral Zheng He, en expédition pour découvrir de nouvelles terres et développer des accords commerciaux. En vingt-huit ans et après sept expéditions, Zheng He parcourt près de la moitié du globe, de l'Asie du Sud-Est aux côtes africaines. Pour aller si loin, ses énormes bateaux peuvent contenir des poulaillers et même des potagers afin de nourrir les hommes. En 1414, il visite La Mecque, puis ramène en Chine une girafe du Kenya. Il meurt en 1433 dans sa cabine, en pleine expédition vers de nouvelles terres. Un beau parcours, au final, pour un homme obligé d'être castré pour accéder aux plus hautes fonctions!

Depuis des centaines d'années, les musulmans contrôlent les territoires dans le sud de l'Espagne et du Portugal. Au large des côtes du Maroc, des pirates lancent des raids sur les côtes portugaises et capturent des hommes et des femmes avant de les vendre comme esclaves. Henri le Navigateur, prince du Portugal, obtient alors la permission de son père de monter une expédition contre la cité de Ceuta, au sud-est du détroit de Gibraltar, qui sert de base avancée aux pirates musulmans. En 1415, après s'être emparé de la ville, il découvre de nombreuses richesses. Elles lui permettent de soutenir financièrement les caravanes qui partent explorer les terres inconnues de son royaume. Grâce à ces expéditions, toute la côte nord-ouest de l'Afrique sera ainsi cartographiée avec précision.

Durant la première partie du XVe siècle, le shogun Ashikaga Yoshimochi règne sur le Japon. Dans la région de Kamakura, à l'est du pays, Ashikaga Mochiuji est le Kantō kubō, le représentant du shogun. Si Mochiuji a mauvaise réputation du fait de son tempérament violent, le shogun est obligé de le soutenir dans ses initiatives. Ainsi, lorsque le conseiller de Mochiuji, Uesugi Zenshū, se rebelle contre la politique de son Kantō kubō, Ashikaga Yoshimochi envoie ses troupes pour le contrer. La rébellion est violente et une grande partie des daimyos du Nord et de l'Est, des chefs de province, de ville ou de château, se rangent aux côtés d'Uesugi Zenshū. En 1417, les troupes du shogun acculent leurs opposants dans le sanctuaire shinto de Tsurugaoka Hachiman-gū. Pour éviter d'être capturé, Zenshū se suicide en pratiquant le seppuku. La fin de la rébellion n'est pourtant pas actée pour Mochiuji qui décide de traquer tous les alliés du défunt Zenshū. Ce comportement exaspère le pouvoir qui exige la fin des hostilités. Après plusieurs années de luttes, un nouveau shogun, Ashikaga Yoshinori, décide de mettre fin au conflit en tuant Mochiuji. En 1432, Mochiuji entre donc lui-même en rébellion contre son shogun et en 1439, après avoir perdu la guerre, il se fait également seppuku avec son fils.

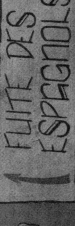

30 JUIN 1520

OTUMBA

1520

LAC TEXCOCO

TENO-
CHTTT-
LAN

OTUMBA

FUITE DES
ESPAGNOLS

TLAXCALLAN

6

Otumba, le périple de Cortés

Au début du XVIᵉ siècle, l'exploration des terres du Nouveau Monde laisse place à sa colonisation. C'est dans ce climat de conquête que Diego Velázquez de Cuéllar, l'un des plus célèbres conquistadors espagnols, envahit l'île de Cuba en 1511. Après avoir pris le contrôle de la région, Velázquez endosse le rôle de gouverneur et gère le commerce dans les eaux avoisinantes. Parmi ses proches, bien qu'il se méfie régulièrement de lui, se trouve un dénommé Hernán Cortés, un homme ambitieux qui très vite se voit confier le poste de maire de la ville portuaire de Santiago de Cuba. Ce dernier accumule rapidement terres et argent, mais sent qu'il est possible de créer quelque chose de plus grand, ailleurs, peut-être dans les terres, sur le continent américain.

En 1518, le militaire Hernán Cortés franchit le pas. Les rumeurs de grandes richesses, colportées par des aventuriers revenant de l'actuel Mexique, le poussent à vendre une partie importante de ses biens pour financer sa propre expédition. Il achète des bateaux, des provisions et du matériel, puis s'entretient avec le gouverneur Velázquez. Avec son accord et en son nom, Cortés peut ainsi partir, le 10 février 1519, pour explorer l'intérieur des terres, espérant au passage devenir plus fortuné qu'il ne l'a jamais été. Il est alors accompagné d'un peu moins de six cents hommes, de quelques chevaux et d'artillerie pour lutter contre les populations locales. L'objectif est clair : trouver ces richesses et nouer, si possible, des contacts commerciaux avec les locaux, rien de plus.

Quand Cortés débarque dans le sud du Mexique, il fait immédiatement connaissance avec les populations mayas, installées depuis longtemps. Tout comme les nombreux explorateurs qui œuvrent pour son pays, il tâche de les convertir au christianisme, notamment en détruisant leurs symboles religieux. Cela engendre des conflits avec certains locaux qui voient d'un mauvais œil l'apparition de l'homme blanc. Néanmoins, la puissance des armes espagnoles force rapidement leur respect, d'autant que les populations indigènes sont également fascinées par les chevaux, une espèce qu'elles n'avaient jamais vue auparavant.

Au détour d'un échange commercial, ou plutôt d'une offre à sens unique des Mayas vers Cortés, le chef de l'expédition rencontre une alliée de poids qui l'aidera dans son voyage au cœur du Nouveau Monde : Malintzin, la Malinche, ou encore Doña Marina, comme l'appellent les Espagnols. Cette femme, d'abord esclave au service des Mayas, est offerte à Cortés qui voit en elle un parfait intermédiaire. Elle parle en effet plusieurs dialectes, semble vouloir embrasser la cause espagnole et possède une grande beauté qui séduit le conquistador et l'amène à en faire sa compagne. Ensemble, ils progressent vers l'ouest et rencontrent de nouveaux peuples avec qui ils espèrent nouer des alliances. Le plus important d'entre eux est sans aucun doute le peuple aztèque, dont Cortés va devoir comprendre les coutumes pour arriver à ses fins. À cette époque, les Aztèques ont la main sur la plupart des terres de la région, ils représentent une force militaire très importante qu'ils consolident grâce à des alliances avec d'autres peuples comme les Acolhuas ou les Tépanèques. Mais cette situation de suprématie n'empêche pas les conflits. L'Empire aztèque est notamment en guerre avec la république de Tlaxcala, forte de quelque quatre-vingt mille habitants, dont une bonne moitié de guerriers est prête à en découdre.

Cortés croise d'abord quelques embarcations aztèques qui descendent la rivière, lui permettant d'établir un premier contact avec l'empire, mais aussi d'évaluer les richesses que ces bateaux transportent et d'en savoir plus sur l'empereur Moctezuma II, qu'il tente de rencontrer, en vain, par tous les moyens.

Durant l'été 1519, il décide d'établir une première ville sur la côte afin de pouvoir prendre définitivement pied sur le territoire. Veracruz est construite, Cortés est confiant mais doit faire face à des problèmes internes. La plupart de ses hommes sont en effet fidèles au gouverneur Velázquez et ils se rendent vite compte que leur chef n'a pas vraiment pour objectif de revenir à Cuba avec leur butin, mais bel et bien de fonder une nouvelle colonie dont il sera le principal artisan.

Afin d'éviter une fuite de ses hommes, Cortés prend une décision radicale. Il sauve tout le matériel possible sur ses navires avant d'ordonner qu'on les envoie se fracasser contre la côte. Onze navires s'échouent ainsi, empêchant ses hommes de le trahir en alertant Velázquez. En procédant de la sorte, Cortés parvient également à renforcer sa position en obligeant les indécis à le suivre dans une campagne plus ardue à l'intérieur des terres. Il envoie également deux émissaires en Espagne directement auprès du roi pour légitimer son action et passer outre le lien de subordination qui le lie au gouverneur de Cuba.

Le 16 août 1519, Hernán Cortés s'enfonce vers l'ouest, son objectif est d'atteindre la cité de Tenochtitlan, capitale de l'Empire aztèque et lieu de résidence de l'empereur Moctezuma II. En chemin il se heurte cependant à plusieurs embuscades des Tlaxcaltèques qu'il repousse. Cortés leur propose la paix, car il sait que la république de Tlaxcala peut représenter un atout de poids contre les Aztèques si les choses tournent mal. Mais ces derniers refusent et lancent une attaque générale qui manque de peu d'anéantir les forces espagnoles. Après avoir frôlé la défaite, Cortés parvient à imposer une alliance avec les Tlaxcaltèques. Près de deux mille hommes rejoignent son armée. Cortés poursuit sa marche sur la capitale et maintient de bons rapports avec les émissaires aztèques qui viennent à sa rencontre. Mais lors d'une halte dans la ville de Cholula, il opte pour une première démonstration de force qui suscite une peur considérable chez les Aztèques : il met le feu à la ville et massacre quelques dizaines de milliers d'habitants. Si les sources espagnoles et aztèques s'opposent sur de nombreux points concernant les récits guerriers de ces événements, Cortés invoque la théorie du complot pour justifier ces actes, les guerriers de Cholula projetant apparemment d'exécuter ses propres hommes dans leur sommeil. Quoi qu'il en soit, cette répression sanglante est suivie d'une lettre que Cortés adresse à l'empereur Moctezuma, lui signifiant que les Aztèques devraient faire preuve de davantage de respect pour sa personne.

Le 8 novembre 1519, les Espagnols arrivent enfin devant Tenochtitlan. L'empereur, fébrile, accueille le conquistador avec les honneurs demandés. Les forces de Cortés s'installent au cœur de la ville et commencent la fabrication d'une chapelle.

S'ensuit alors tout un jeu diplomatique que Cortés s'efforce de mettre en place. Par la peur, il assoit sa domination sur l'empereur et donc sur l'empire. Sur la côte, quelques chefs aztèques se rebellent bien contre lui, mais il les fait capturer, déporter jusqu'à la capitale, puis brûler devant un Moctezuma impuissant et des habitants horrifiés. L'effet est immédiat, son pouvoir quasi total. Désormais Moctezuma est véritablement pris en otage par les Espagnols.

En 1520, Cortés profite de cette situation pour réunir les principaux chefs de l'empire afin de leur faire prêter allégeance à la Couronne espagnole. Dans son esprit, cela ne peut que légitimer son action auprès du roi et garantir davantage sa propre sécurité dans une région où, à chaque instant, son manque criant de troupes peut entraîner sa perte face à une possible rébellion aztèque.

Cependant Cortés néglige un aspect primordial dans l'exécution de son plan, car si Charles Quint, selon lui, peut être facilement convaincu de l'intérêt que représente une nouvelle colonie au Mexique, Velázquez ne compte pas se faire duper sans rien faire. Ce dernier envoie donc une flotte de dix-huit navires transportant près de mille hommes sous le commandement du capitaine Pánfilo de Narváez. Fantassins, cavaliers, arbalétriers et canons, c'est une arrivée en grande pompe à laquelle assiste Cortés depuis la capitale aztèque.

Narváez fonde la ville de San Salvador et envoie des émissaires à Veracruz pour affirmer son nouveau pouvoir sur la région. Il s'entretient également avec des ambassadeurs aztèques qui l'implorent de venir au secours de leur empereur, plus que jamais sous le joug de Cortés. Ce dernier, laissant une partie de ses forces à Tenochtitlan sous le commandement de Pedro de Alvarado, veut éteindre à tout prix cette nouvelle menace. Cortés capture ainsi Narváez au cours d'une embuscade près de la rivière Canoas. L'affrontement est bref et il ne coûte la vie qu'à quelques hommes. Le capitaine, lui, y perd un œil après avoir reçu un coup de pique.

On peut alors légitimement se demander pourquoi les soldats de Narváez, supérieurs en nombre, ne se sont pas rebellés contre Cortés. Il semble que ce dernier ait, à la suite de la capture de son rival, entamé un discours devant eux en leur décrivant les richesses que l'empire pouvait leur apporter. Cortés leur laisse le choix, le suivre dans cette aventure pleine de promesses ou reprendre un bateau pour rejoindre Cuba. La plupart des hommes se rallient à sa cause, tandis qu'un petit groupe d'irréductibles prend la mer. C'est désormais une force de près de mille hommes que commande le conquistador et il compte bien la mettre à profit pour étendre son pouvoir dans la région. La fougue de Cortés est bien vite atténuée par un drame terrible survenu à Tenochtitlan en son absence...

Lors du départ de leur chef vers la côte, les soldats espagnols se fédèrent autour de Pedro de Alvarado qui doit maintenir la stabilité du pouvoir et son emprise sur l'empereur Moctezuma. Mais le second de Cortés croit déceler un vent de trahison parmi les Aztèques et rapidement les troupes espagnoles se sentent menacées. Alors que le peuple et la noblesse célèbrent le cinquième mois du calendrier aztèque, lors de la fête de Toxcatl, Alvarado prend une décision radicale pour éviter que le piège, imaginaire ou pas, se referme sur lui. Dans un élan de rage, il massacre en grand nombre les nobles et les prêtres de la ville, provoquant un soulèvement de la population contre les Espagnols qui n'ont d'autre choix que de se réfugier dans le palais de Tenochtitlan, littéralement pris d'assaut.

Cortés, après la bataille contre Narváez et le ralliement d'une partie des troupes fraîchement débarquées, reçoit une lettre l'informant de la tragédie qui est en train de se nouer dans la capitale. À la tête de mille soldats espagnols et de plusieurs milliers de guerriers tlaxcaltèques, le conquistador fonce au secours de ses compatriotes. L'arrivée en ville se passe sans heurt apparent. Les rues sont vides, le calme règne, les troupes pressent le pas pour rejoindre leurs camarades et se réfugier dans le palais. En réalité les Aztèques de Tenochtitlan, bien que furieux contre Alvarado, croient encore en la bonne foi de Cortés.

Cependant les propos de l'Espagnol, loin d'être pacifistes devant ses propres hommes, sont captés par des oreilles aztèques attentives qui ont appris à parler la langue. La rumeur de la trahison de Cortés est lancée, le peuple gronde, prend les armes et fonce arme au poing vers le palais afin d'exécuter sa vengeance. Le lendemain, des milliers d'Aztèques affluent vers le centre de la ville, les flèches et les pierres pleuvent sur les Espagnols tandis que dans un brouhaha immense l'écho des fusils résonne dans toute la cité. Des hommes tombent par centaines devant le palais et si la supériorité technologique de Cortés lui permet de défendre efficacement son bâtiment, il essuie lui aussi des pertes et sent que la situation peut lui échapper à tout moment.

Sans que l'on sache alors s'il s'agit d'une pression des Espagnols ou d'une volonté propre de l'empereur, Moctezuma décide de tenter sa chance. Au petit matin du deuxième jour, il décide d'apparaître sur les murailles pour calmer son peuple. Si dans un premier temps les habitants de la ville prennent le temps de l'écouter, l'appel au calme n'est pas entendu, pire que ça, il est contesté. Alors que Moctezuma est encore à découvert, les flèches et les pierres recommencent à tomber du ciel. Dans la confusion, l'empereur est touché à la tempe par un projectile. Il décède peu de temps après. Cette version est néanmoins contestée par certaines sources aztèques qui pointent du doigt Cortés, qui aurait exécuté l'empereur après son discours voyant visiblement que son autorité ne faisait plus l'unanimité et, donc, que son utilité n'était plus indispensable.

Cernés, bloqués dans l'édifice qui prend des allures de tombeau, les Espagnols résistent encore et toujours aux assauts des Aztèques, mais si l'ennemi semble jouir d'une réserve inépuisable de troupes, ce n'est pas le cas pour Cortés qui doit se rendre à l'évidence : la retraite est leur seule chance de survie, et elle ne sera pas facile.

Castillo[1] avançait prudemment, retenant sa respiration à chaque pas. La faible lueur de la lune brillait sur son armure dorée qu'il s'efforçait de cacher avec un morceau d'étoffe. À ses côtés, des dizaines de ses compagnons marchaient de manière tout aussi précautionneuse. Il y avait quelque chose d'étrange dans cette improbable procession. On n'y voyait pas à dix mètres et Castillo plissa les yeux pour tenter d'apercevoir la tête du capitaine Sandoval, en vain. Il se passa la main dans sa barbe[2], tandis que l'autre était toujours sur le manche de son épée. Le silence était très lourd, pesant sur les épaules de chaque homme. Ils faisaient tous partie de l'avant-garde et avaient pour mission d'ouvrir le chemin pour le reste des troupes.

Prenant appui sur une pierre pour franchir un muret, Castillo sentit son pied se tordre. Ravalant

---

1. Bernal Díaz del Castillo est un conquistador qui a participé à l'expédition de Cortés et qui a relaté ces événements dans un livre-reportage, *Histoire véridique de la conquête de la Nouvelle-Espagne*, publié en 1632 en Espagne, disponible chez Actes Sud sous le titre *La Conquête du Mexique*, Babel, 2009.
2. On fait souvent référence au physique légendaire des conquistadors. Des hommes blancs, vêtus d'une armure et porteurs d'une barbe fournie. Cette apparence peu commune pour les habitants de ce que l'on appelle aujourd'hui le Mexique a pu jouer un rôle important, au moins au début, dans la conquête de Cortés. Selon certains textes, ce dernier aurait en effet pu se faire passer pour un descendant du dieu Quetzalcoatl, ce qui lui permit de prendre un ascendant non négligeable sur les populations locales, notamment en termes de négociation.

un cri de douleur, il glissa et chuta sur l'homme qui se tenait derrière lui. Le métal s'entrechoqua violemment et les deux soldats roulèrent sur le sol humide. Dans un instant qui leur parut durer une éternité, tous les hommes se figèrent, les regards fixés vers l'ombre dévorante de la cité et les oreilles à l'affût du moindre signe d'agitation. Castillo n'osait plus bouger, les yeux grands ouverts, il était totalement tétanisé.

Une longue minute plus tard, la tension semblait redescendre d'un cran quand le capitaine surgit de l'obscurité.

— Qu'est-ce qu'il se passe ici bon sang ? souffla à demi-mot Sandoval.

Castillo regarda le capitaine dans les yeux. Bien que ce dernier semblât plus jeune que lui, son visage exprimait une détermination peu commune. La sévérité de ses traits contrastait avec sa voix rassurante.

— J'ai glissé, mon capitaine, avoua Castillo, le remords dans la voix.

Passablement agacé, Sandoval tendit une main vers lui.

— Relevez-vous vite, Bernal, on ne doit pas traîner. Et faites un peu attention, on a besoin de votre plume pour raconter tout ça quand on sortira de cet enfer. Vous prendre une flèche dans le gosier ne vous y aidera pas vraiment.

Castillo, remis sur pied, réajusta son casque et vérifia que son arme était toujours à sa ceinture.

— Oui, mon capitaine, je suis désolé.

Tandis que la conversation s'éteignait dans un long soupir, son supérieur s'éloignait, regagnant la sécurité abstraite d'un horizon invisible. Le chemin était encore long avant d'arriver sur la rive et Castillo espérait du plus profond de son être ne pas commettre une nouvelle erreur.

Dans la nuit du 30 juin au 1er juillet 1520, la fuite s'organise. Les coutumes locales poussent les guerriers aztèques à ne plus combattre le soir tombé ; à défaut d'y voir très clair, le conquistador choisit donc de sortir du palais dans une obscurité enveloppante et protectrice. L'entreprise est délicate, car Tenochtitlan est construite sur un îlot du lac Texcoco et le seul moyen d'y accéder reste de franchir des ponts qui ont été coupés par les Aztèques.

Dans un premier temps, la sortie des Espagnols, vers minuit, se fait dans le plus grand calme. Gonzalo de Sandoval prend la tête de l'avant-garde, tandis que Cortés, en compagnie du gros des troupes, des richesses prises dans le temple et des prisonniers, le suit à bonne distance. Alvarado dirige l'arrière-garde et s'assure que la périlleuse expédition puisse être menée à bien. Plusieurs milliers d'hommes progressent à pas de souris pour enfin atteindre un pont, endommagé, que les soldats commencent à réparer afin de faire passer les chevaux et les canons. C'est à ce moment-là que les Aztèques, tapis dans l'ombre, surgissent de toute part en criant et en agitant leurs armes. Le lac, qui soudain semble s'animer, se recouvre d'embarcations qui transportent des archers. Les Espagnols paniquent, le piège se referme.

Si, dans un premier temps, les troupes de Cortés tentent de se battre et de repousser l'assaut des habitants de la ville, la défaite semble inévitable et bien vite ce qui aurait dû être une retraite bien préparée se transforme en une fuite désespérée où chacun tente de sauver sa peau.

Tandis que les flèches transpercent les corps, des hommes, les poches remplies d'or, coulent au fond du lac. Les soldats de Cortés, aveuglés par la nuit, ne peuvent tirer correctement. L'artillerie, trop lourde, endommage le pont lors de la traversée. Les soldats blessés qui gisent sur le sol sont relevés par des guerriers aztèques qui les emmènent vers la cité, probablement pour les sacrifier un peu plus tard. L'anarchie la plus totale règne sur les bords du lac et tandis que les premiers soldats, dont Cortés, arrivent à mettre le pied sur la terre ferme, le lac se remplit de cadavres d'Espagnols, de Tlaxcaltèques et d'Aztèques, formant presque un nouveau pont reliant Tenochtitlan au continent.

Ce véritable carnage est connu sous le nom de la *Noche Triste* – « Triste Nuit » – et on estime que Cortés, au cours de cette manœuvre, a perdu près de la moitié des hommes qu'il avait sous son commandement. Si les nombres évoqués divergent en fonction des sources, on peut sans mal assurer que plusieurs centaines d'Espagnols et plusieurs milliers de Tlaxcaltèques ont péri en quittant la ville.

Mais l'histoire ne s'arrête pas là et la suite des aventures de Cortés reste sans aucun doute aussi incroyable qu'improbable. Après avoir réuni ses troupes dans le village de Tacuba, Cortés décide de repartir rapidement, car il sait que les Aztèques sont sur ses talons. La zone de sécurité la plus proche, la ville de Tlaxcala, est située à plus de soixante kilomètres vers l'est. Entre ce havre de paix et l'armée de Cortés se dresse malheureusement un lac.

Un des guerriers de l'armée tlaxcaltèque ouvre alors le chemin et mène les troupes vers le nord afin de contourner l'étendue d'eau. La marche est épuisante et difficile, il faut aller le plus vite possible : les Aztèques sont toujours à leurs trousses. Des altercations éclatent, parfois juste une escarmouche à distance et même de temps en temps un affrontement direct, au corps à corps. La nourriture se fait rare, les hommes sont affamés, faibles, la situation est plus que jamais catastrophique. Du moins c'est ce que pensent les Espagnols... jusqu'à la mythique journée du 7 juillet 1520.

Après six jours de marche, les forces de Cortés parviennent dans la plaine d'Otumba. Le spectacle qui les attend leur coupe littéralement le souffle. Plusieurs dizaines de milliers d'Aztèques y attendent de pied ferme le contingent espagnol, tous armés, tous animés par un seul objectif : tuer le conquistador et ses troupes.

Si la terreur, bien compréhensible, doit alors se répandre parmi les soldats, Cortés décide quant à lui de tenter le tout pour le tout. Repérant à travers cet amas de guerriers l'étendard du commandement aztèque, il charge dans sa direction en compagnie des quelques cavaliers qu'il lui reste.

La suite de cet acte mi-héroïque, mi-suicidaire est assez floue, on ne sait pas très bien si les hommes de Cortés ont tué d'un coup de lance le général ennemi ou s'ils ont massacré tous les officiers. Certaines pistes ne font état que de la capture de l'étendard, ce qui en soit serait déjà un exploit. Le résultat est en revanche le même : devant l'assaut inattendu de Cortés et son succès totalement improbable, les troupes aztèques, pourtant largement supérieures en nombre, fuient vers les montagnes !

Les guerriers sont terrifiés par l'utilisation des chevaux, la panique est totale, et si Cortés poursuit durant quelques instants les fuyards, il préserve surtout ses troupes, déjà à bout de force, en se contentant de dépouiller des cadavres laissés sur le champ de bataille. On raconte alors que le butin est extraordinaire et qu'il permet à Cortés d'amortir une bonne partie de ses pertes financières. La voie vers Tlaxcala est ouverte, les Espagnols échappent au funeste destin qui les attendait dans cette plaine.

Cortés réussit là son plus grand coup de bluff. Lui qui aurait dû mourir dans cette plaine est maintenant libre de constituer une nouvelle armée avec ses alliés tlaxcaltèques. Une armée puissante avec laquelle il marche de nouveau vers Tenochtitlan en 1521, capturant la ville après plus de deux mois de siège et précipitant la chute de l'Empire aztèque. Après avoir été jugé pour sa trahison envers Velázquez et toute l'affaire qui en découle, Cortés est non seulement innocenté par la couronne d'Espagne mais également remercié pour ses efforts... Il est nommé gouverneur de ce que l'on appelle désormais «la Nouvelle-Espagne».

Pendant ce temps-là dans le monde...

En 1509, Bajazet II, sultan de l'Empire ottoman, doit faire face à une situation précaire. Son propre fils, Selim, entre en rébellion contre son pouvoir. Avec l'aide des janissaires, l'infanterie ottomane, il affronte à plusieurs reprises son père mais aussi son frère aîné Ahmed qui doit hériter du trône à la mort de Bajazet. Le 24 avril 1512, acculé, le sultan abdique et transmet le pouvoir à Selim, qui devient Selim Ier. Un mois plus tard, Bajazet II rend son dernier souffle, possiblement empoisonné par son propre fils. En 1513, après avoir vaincu son frère Ahmed, il le fait étrangler, puis assassine son autre frère Korkud ainsi que tous ses neveux. Débarrassé de potentiels fauteurs de troubles qui auraient pu vouloir le trône, Selim Ier commence alors la conquête des territoires voisins afin d'unifier les musulmans. Il prépare ainsi le terrain pour son célèbre fils Soliman le Magnifique qui prend sa succession en 1520.

À la fin du XVe siècle et durant la première moitié du XVIe siècle, la France revendique le royaume de Naples et le duché de Milan. Ces revendications donnent lieu à de nombreux conflits que l'on regroupe sous le nom de «guerres d'Italie». De 1494 à 1559, c'est ainsi près de onze guerres d'Italie qui s'enchaînent et qui voient s'affronter les Français, les Suisses, les princes des différents royaumes d'Italie, l'Empire germanique et le pape. Une des batailles les plus célèbres de cet épisode guerrier et ruineux de notre histoire est sans aucun doute la bataille de Marignan en 1515. Après avoir franchi les Alpes, François Ier, en compagnie de ses alliés vénitiens, engage le combat avec les Suisses dans la plaine de Marignan. En deux jours, plus de quinze mille hommes trouvent la mort, près de la moitié de l'armée suisse est décimée. Cette victoire française permet à François Ier d'entrer dans la légende, car il s'agissait là de sa première bataille.

Le 20 septembre 1519, dans le port de Sanlúcar de Barrameda dans le sud-ouest de l'Espagne, cinq navires hissent leurs voiles vers le large. À leur tête, Fernand de Magellan projette d'ouvrir une nouvelle voie commerciale vers les Indes en passant par l'ouest. À la tête de son navire, le *Trinidad*, il commande cette expédition qui réunit près de deux cent trente-sept hommes. Il vise en priorité l'archipel des Moluques, qui lui permettra de charger les cales de ses navires en épices. Malheureusement pour lui, le voyage est une véritable catastrophe. Les rébellions, les maladies et les combats contre les populations locales qu'il cherche à christianiser provoquent de très nombreuses pertes. Si au terme de l'aventure l'expédition prouve qu'il est possible de faire le tour du monde par la mer, ce périple de près de trois ans souffre d'un bilan extrêmement lourd. Seulement dix-huit hommes rentrent en Espagne, le 6 septembre 1522, et Magellan lui-même meurt d'une flèche empoisonnée au court d'un affrontement, le 27 avril 1521.

En 1517, Martin Luther, un religieux, entre en conflit avec le pape en dénonçant le fait qu'un homme puisse acheter sa rémission auprès de Dieu avec de l'argent bien

réel. Il ne s'arrête pas là et, après avoir critiqué les positions du clergé, il est excommunié en 1521 par le pape
Léon X. Cet acte fait de lui un paria qui autorise chaque
sujet de l'empire à le tuer ! Il se réfugie pendant une année
chez l'un de ses soutiens principaux, Frédéric III de Saxe,
et commence la traduction de la Bible en allemand.
Celle-ci, publiée en 1522 pour le Nouveau Testament et en
1534 pour l'Ancien Testament, permet de rendre accessible ces textes sacrés au plus grand nombre. Par ses
actions, Luther devient le fondateur d'une nouvelle Église
en profond décalage avec celle du pape : le protestantisme.

TRAJET DES ESPAGNOLS

ANGLETERRE

LONDRES •

GRAVELINES

FLANDRE

FRANCE

SIÈGE DE GRAVELINES

8 AOÛT 1588

7

Gravelines, l'Armada d'eau douce

Au XVIe siècle, le roi d'Angleterre Henri VIII, coureur de jupons invétéré, se retrouve confronté à un problème. Sa femme, Catherine d'Aragon, ne peut pas lui donner d'héritier. Inacceptable pour cet homme, représentant de la dynastie des Tudors, qui veut perpétuer sa lignée. Il décide alors de trouver un moyen de divorcer de sa femme pour épouser la jeune Anne Boleyn. Une pratique qui est strictement interdite par l'Église catholique et donc par le Vatican ! Devant cette impasse théologique, Henri décide alors clairement de ne pas y aller de main morte. Il fonde sa propre Église, l'Église anglicane, et en devient de fait le chef religieux. L'annulation du mariage est prononcée, il épouse Anne en secondes noces tandis que Catherine, sa première femme, est expulsée de la cour. Son unique fille, Marie, est alors écartée de la succession pour concentrer l'avenir des Tudors sur la descendance qu'il espère avec Anne. Son audace et sa défiance vis-à-vis du Vatican lui valent rapidement d'être excommunié. C'est le début d'un long conflit, véritable schisme, entre les partisans catholiques du pape et les nouveaux anglicans. Avec Anne, il obtient une nouvelle héritière, Élisabeth. Cependant, il lui préférerait un garçon; et les fausses couches à répétition de la nouvelle reine finissent d'agacer Henri qui, grâce à son ministre Cromwell, s'en débarrasse définitivement en la faisant condamner pour adultère. Anne Boleyn est décapitée sur la place publique en compagnie de son frère, accusé d'avoir forniqué avec son propre sang!

Sa nouvelle femme, Jeanne Seymour, met au monde l'héritier tant attendu du trône d'Angleterre. Malheureusement, la nouvelle reine ne survit pas à l'accouchement et le roi doit de nouveau en choisir une autre. Sans faire ici la liste de toutes ses conquêtes, le roi aura au final eu six épouses. Si Catherine d'Aragon finit par mourir seule et résignée, le bon vieux Henri, pesant près de cent soixante-dix-huit kilos à sa mort, condamne une seconde épouse à la décapitation pour adultère. Sur ses six épouses, on peut donc affirmer qu'il est directement responsable de la mort de la moitié d'entre elles...

En 1547, Édouard VI monte sur le trône, il est alors âgé de neuf ans, ce qui fait de lui l'un des plus jeunes rois d'Angleterre. Malheureusement, il décède six ans plus tard, sans avoir eu l'occasion de gouverner. Henri VIII n'a eu que des filles et il faut choisir une héritière. Plusieurs prétendantes sont alors envisagées. Jeanne Grey, sa cousine, prend le pouvoir en 1553.

Marie, première fille d'Henri VIII et de Catherine d'Aragon, catholique jusqu'au bout des ongles, refuse de laisser passer sa chance. Elle lève une armée et, seulement neuf jours après le début du règne de Jeanne, elle parvient à prendre le pouvoir. Elle fait décapiter sa rivale moins d'un an plus tard...

Contrairement à son père et à son demi-frère qui défendent l'Église anglicane issue du protestantisme, Marie est profondément catholique et tente de renouer avec la tradition. Problème majeur, elle n'a pas beaucoup de soutiens au sein du Parlement qui tient à conserver l'anglicanisme.

Elle décide alors, sur les conseils de son cousin Charles Quint, d'épouser Philippe II, prince héritier du trône d'Espagne. Cette union a le double objectif de renforcer le pouvoir catholique et de lui permettre d'engendrer un héritier pour écarter les autres prétendantes, issues des différents mariages de son père, du trône. Cependant elle est vue d'un mauvais œil par les protestants opposés au catholicisme et par le Parlement qui refuse de donner une chance au futur roi d'Espagne de s'emparer du pouvoir en Angleterre. La situation est d'autant plus délicate que le jeune Philippe est issu de la famille des Habsbourg, l'une des plus grandes dynasties que l'Histoire ait connues, qui règne sur l'Espagne, les Pays-Bas, une partie de l'Italie, sur l'est de l'Europe, etc.

Le mariage est donc célébré selon des conditions fermes, négociées par les parlementaires. Philippe II ne peut ni revendiquer le trône après la mort de sa femme, ni demander une aide militaire au royaume et encore moins prendre des décisions impliquant le pays sans l'accord de sa femme.

Dans ce contexte aussi défavorable, on peut légitimement se demander pourquoi Philippe a accepté ce mariage avec Marie Ire. La réponse se trouve une fois encore dans le conflit entre protestants et catholiques, plus particulièrement aux Pays-Bas où la situation est tendue. Avec cette alliance, Charles Quint et son jeune fils espèrent une amélioration significative sur place. Ils se protègent également contre une Angleterre protestante qui pourrait représenter un danger dans un futur plus ou moins proche. Les Habsbourg s'inscrivent donc dans une démarche de sécurisation de leurs territoires plus que dans une intention de conquête directe d'un nouveau pays.

Dans un premier temps, si Marie assure conserver la liberté de culte pour chacun, elle fait pourtant enfermer plusieurs ecclésiastiques qui ne sont pas favorables au catholicisme. Puis elle renoue les liens avec le pape, interdit le mariage des hommes de foi et finit par rétablir la persécution des hérétiques. Des milliers de protestants fuient le pays et des centaines de personnes sont conduites au bûcher. La sauvagerie de la reine est telle que Marie Ire sera, bien des années plus tard, surnommée « Bloody Mary ».

En 1558, une épidémie de grippe emporte Marie. Philippe II ne pouvant monter sur le trône, on se retourne alors vers Élisabeth, fille d'Henri VIII et d'Anne Boleyn, dernière représentante de la dynastie des Tudors. Dans un contexte troublé, elle devient reine d'Angleterre. Beaucoup moins tranchée que ne l'était sa demi-sœur sur la question religieuse, elle tente d'instaurer un compromis qui permet à chacun de pouvoir s'y retrouver dans le pays, remettant le protestantisme à l'honneur mais ne reniant pas les catholiques, si ce n'est les plus extrémistes.

Philippe II d'Espagne, ayant tout perdu dans l'affaire, tente d'épouser Élisabeth pour reprendre sa fonction. Cependant elle décline et déclinera pour chaque prétendant qu'elle recevra durant sa vie, restant d'ailleurs célèbre pour son célibat et la préservation de sa virginité.

Les catholiques ne voulant pas en rester là soutiennent Marie Stuart, reine d'Écosse, afin de reprendre une nouvelle fois le contrôle du royaume. Pourtant leur rébellion est matée par les forces d'Élisabeth qui durcit sa ligne de conduite. Le pape Pie V décide alors d'excommunier la reine, tout comme l'avait été son père, et invite tous les catholiques à désobéir à leur chef suprême. Certains missionnaires catholiques sont même envoyés sur le sol anglais afin de convertir la population et de l'amener à se soulever. Des missionnaires qui ne font pas long feu et qui sont traqués, capturés, puis exécutés ou crucifiés à travers tout le pays. Les tensions entre catholiques et protestants sont croissantes et les affrontements prennent une véritable tournure internationale.

En 1584, Philippe II signe le traité de Joinville qui renforce ses liens avec la Ligue catholique française. À partir de 1585, la reine, jusque-là assez conciliante, décide d'envoyer ses corsaires, dont le célèbre Francis Drake, piller les navires espagnols afin de remplir les caisses du royaume. La même année, en août, Élisabeth signe le traité de Sans-Pareil dans lequel elle s'engage à aider financièrement et militairement les provinces unies des Pays-Bas pour lutter contre la domination espagnole. De chaque côté, on lance de grands chantiers pour préparer les flottes navales à un affrontement qui semble inévitable.

Le 8 février 1587, Élisabeth ordonne l'exécution de Marie Stuart après avoir obtenu formellement les preuves d'un complot visant à mettre fin à ses jours. Deux mois plus tard, Francis Drake attaque Cadix, un des principaux ports espagnols, et détruit trente-sept navires marchands. Ce contretemps retarde Philippe II et le plan qu'il met en œuvre depuis plus de deux ans : envahir l'Angleterre pour obliger Élisabeth à se soumettre et à coopérer sur les différents fronts.

En mai 1588, l'Armada espagnole hisse les voiles et met le cap vers les côtes anglaises. C'est une des plus importantes opérations navales de l'Histoire et le roi n'a pas lésiné sur les moyens : près de cent trente navires sur lesquels sont répartis vingt mille marins, dix mille soldats et trois cents chevaux. En outre, les navires accueillent également des infrastructures, comme un hôpital de campagne, qui peuvent être directement déployées sur place. L'objectif de Philipe est de mener ses hommes sur terre. Cette énorme flotte est donc majoritairement composée de gros bateaux conçus davantage pour le transport de troupes que pour l'affrontement naval. Des navires plus petits et plus offensifs accompagnent tout de même les troupes pour permettre un abordage rapide et une prise par le fer des bâtiments ennemis. Étrangeté dans l'organisation monumentale de cet assaut, l'amiral de la flotte espagnole n'est pas un marin confirmé, l'homme qui assurait ce poste jusque-là étant décédé il y a peu. Le commandement est ainsi confié au duc de Medina Sidonia, Alonso Pérez de Guzmán, un guerrier expérimenté sur terre et... sujet au mal de mer ! Si le malheureux écrit à plusieurs reprises au roi pour lui rappeler qu'il n'est pas compétent pour gérer une flotte en situation de combat, il doit assurer son poste jusqu'au bout.

Du côté des Anglais, les troupes sont prêtes à en découdre. Cent quatre-vingt-dix-sept navires et quelque quinze mille marins forment une flotte hétéroclite. En effet, la marine anglaise ne possède que trente-quatre véritables navires de guerre, la majorité de la flotte étant composée de navires marchands qui ont été modifiés pour accueillir des canons et un équipage qualifié. Quoi qu'il en soit, ces navires sont davantage conçus pour le combat naval que pour le transport de troupes. Ils sont rapides, manœuvrables et leurs canons dévastateurs. Ces derniers, bien supérieurs aux canons espagnols autant en matière de portée que de puissance, peuvent tirer cinq fois plus vite que ceux de leur adversaire et ont été construits avec l'aide d'un fondeur directement venu des Pays-Bas. Ironie de l'Histoire, une bonne partie de cette flotte a été construite sur les conseils de Philippe II lui-même quand il était roi d'Angleterre... Malgré tout, la flotte espagnole reste plus puissante, notamment de par ses navires plus imposants que ceux de son ennemi.

Le 29 juillet 1588 au soir, les gardes anglais aperçoivent au loin les premiers bâtiments espagnols. Avant de pouvoir débarquer en Angleterre, l'amiral Alonso Pérez doit d'abord faire route jusqu'à Dunkerque afin d'y retrouver Alexandre Farnèse, duc de Parme et allié à Philippe II, et ses dix-huit mille soldats pour traverser la Manche avec eux.

Les navires anglais, protégés par l'obscurité, tentent une sortie afin de contourner les unités adverses. Pendant plusieurs jours, ils harcèlent Pérez et ses équipages en prenant bien soin de rester hors de portée de tir des navires espagnols. Les courants forts de la Manche empêchent ces derniers de manœuvrer efficacement pour riposter. Contrainte d'affronter les forces anglaises, malmenée par les flots, l'Armada espagnole se dirige finalement vers le port de Calais pour y attendre les forces de Farnèse. Pérez envoie alors plusieurs messages afin que le duc puisse le rejoindre, mais ceux-ci restent longtemps sans réponse.

La pression commence à être insupportable pour le pauvre amiral qui voit ses stocks de munitions déjà bien entamés et ses possibilités de ravitaillement très restreintes. Lorsqu'il reçoit enfin une lettre de Farnèse, il découvre qu'il ne viendra pas ! En effet, ce dernier considère que la situation n'est pas idéale pour embarquer ses hommes en toute sécurité et argue que les ports des Pays-Bas espagnols sont bloqués par les rebelles, l'empêchant ainsi de le rejoindre avec ses troupes et ses munitions. L'invitant à rejoindre Dunkerque comme prévu, Farnèse sait pertinemment qu'Alonso Pérez est dans une situation délicate, mais il ne croit déjà plus à la victoire possible des Habsbourg. L'amiral doit se rendre à l'évidence, il est seul face aux assauts des Anglais et doit prendre sur lui pour sortir ses hommes de cette impasse. Une sortie qu'il espère la plus douce possible, sans avoir à l'esprit qu'en face de lui se trouve l'un des plus brillants navigateurs de son temps, Francis Drake, qui prépare un plan pour disperser les troupes espagnoles...

L'amiral était confortablement assis dans son fauteuil. Au-dessus de sa barbe impeccablement taillée, ses narines frémissaient et se soulevaient au rythme de sa respiration lente et profonde. L'accablement des derniers jours l'avait profondément fatigué et le message de Farnèse provoquait un abattement peu commun chez cette forte tête. Au-delà des ronflements qui résonnaient légèrement contre les planches de bois, seul le bruit des pas des guetteurs sur le pont venait troubler le silence de la cabine. Des pas qui semblaient soudain s'accélérer, pesant plus lourd sur le sol, se multipliant à l'appel de sons plus rauques, peut-être des cris. Alonso était de plus en plus agité, son sommeil de plus en plus léger. Lorsqu'il entendit des hommes courir à l'extérieur de sa cabine, ses yeux s'ouvrirent instantanément. En deux bonds, il avait franchi la porte de sa chambre et s'engageait dans le couloir sombre qui menait vers les étages supérieurs.

— Pimentel[1] ! Mendoza ! Levez les retardataires et rejoignez-moi sur le pont ! hurla-t-il vers deux hommes qui sortaient à peine de leur couchette.

Montant deux à deux les marches de l'escalier qui se dressait devant lui, l'amiral Pérez débarqua sur le pont, haletant... Un jeune homme passa à proximité de lui, légèrement hagard, à l'image de la frénésie qui s'était emparée de l'équipage.

— Que se passe-t-il, bon sang ? chuchota-t-il.

Il suivit quelques marins qui se précipitaient vers le côté tribord du navire, pointant du doigt une

---

1. Pour les marins cités dans ce passage, il s'agit tout simplement des véritables noms des commandants de navire. S'ils n'étaient donc pas directement sur le bateau de Pérez, ils gravitaient autour. Le bateau de Pimentel s'échoue, puis est capturé le 8 août, tout comme celui de Toledo. Le navire de Mendoza, lui, fera naufrage au large de l'Irlande.

menace invisible aux yeux de l'amiral. Il saisit par le bras un homme à côté de lui.

— *Toledo ? Expliquez-moi, bon sang ! Que se passe-t-il ?*

Grommelant dans sa moustache, le vieux marin eut un haussement de sourcils qui manifestait à la fois de la surprise et de l'amusement.

— *C'est donc vrai ce que l'on raconte...*

— *Et qu'est-ce que l'on raconte ? rétorqua l'amiral sur le ton de la défense.*

— *Que vous n'y connaissez absolument rien en marine, que vous seriez foutu de vous noyer dans un étang. Sans vouloir vous offenser hein... monsieur...*

Pérez semblait perdu, il devait dire quelque chose, il devait se défendre. Il devait surtout comprendre ce qui était en train de se passer.

— *J'ai conscience de mes qualités et de mes faiblesses, en effet ! Je les ai d'ailleurs soulignées au roi quand il m'a désigné en personne pour être le chef de cette armada. Maintenant, dites-moi, vieillard, pourquoi cette alerte ?*

— *Regardez bien au loin, la vigie a aperçu quelque chose. De notre position, on ne voit encore rien à cause des vagues, mais ça ne devrait pas tarder...*

Une vingtaine d'hommes était accoudée au bastingage, tous les regards braqués vers l'obscurité à défaut de pouvoir discerner l'horizon. Le silence était pesant, les souffles courts. Une voix s'éleva soudainement, venue des airs.

— *Ils sont bien là ! Je les vois ! Prévenez l'amiral !*

— *Je suis là ! Que voyez-vous ? tonna Pérez.*

— *Des points lumineux, trois pour l'instant... Non quatre !*

À côté d'Alonso, Toledo se redressa lentement. Avant de partir vers l'avant du bateau, il donna un dernier conseil à l'amiral.

— *Si j'étais vous, je commencerais à m'inquiéter... et à donner l'alerte...*

Dans la nuit du 7 au 8 août 1588, de faibles lumières s'allument dans l'obscurité, se rapprochant lentement du port de Calais. Tout d'abord imperceptibles, puis de plus en plus menaçants, ces points lumineux, perdus en mer, poussent l'armada espagnole à lancer l'alerte. Au loin, des silhouettes floues commencent à se dessiner, une dizaine au total. Des bateaux entiers, rongés par des flammes dévorant le bois et fonçant vers une flotte statique, compacte et ancrée à bon port se révèlent alors aux yeux de l'envahisseur.

Sir Francis Drake utilise ici la technique des brûlots qui consiste à sacrifier quelques embarcations en les bourrant d'explosifs et de matières inflammables, puis à y mettre le feu avant de les lancer vers l'adversaire. Le moindre de ces navires touchant un bâtiment, aussi gros soit-il, provoque ainsi un incendie ou une explosion dévastatrice qui conduit ce dernier directement au fond des eaux. Parmi les Espagnols, c'est la panique. Il faut réagir vite car le vent pousse

ces démons de l'enfer vers eux à vive allure. Dans un chaos indescriptible, les marins tranchent les cordages des ancres, braquent la barre vers le large et naviguent au petit bonheur la chance dans une nuit sombre vers des eaux qu'ils ne connaissent pas ou très peu.

Si aucun brûlot ne parvient à toucher sa cible, la manœuvre inattendue de Drake est une véritable réussite. Tous les navires sont dispersés et certains s'échouent même sur des bancs de sable ou des hauts-fonds. Un malheur n'arrivant jamais seul, l'amiral fait également les frais d'une météo capricieuse et particulièrement en faveur des Anglais, facilitant la dispersion des navires. Le lendemain, à l'aube, l'amiral Pérez prend conscience de sa situation précaire. Il tente de rassembler ses navires pour organiser une défense cohérente contre les Anglais. Cependant il n'a à disposition autour de lui que quatre galions : bien peu pour défendre le *San Martin*, le navire amiral de la flotte.

Drake, guettant un signe de l'ennemi au petit matin, n'aperçoit que six navires : le vaisseau de l'amiral Pérez et les galions qui l'accompagnent, ainsi qu'un autre navire isolé, le *San Lorenzo*. Laissant le bon soin à l'un de ses hommes d'aller à la rencontre de ce dernier, Drake met les voiles vers le navire de Pérez.

Au large de Gravelines, les canons sont chargés et prêts à tirer. L'amiral du *San Martin* sait qu'il doit tenir le plus longtemps possible afin de permettre à son armada de se regrouper. Le combat s'engage, violent, entre les deux parties. Si Drake lance l'assaut avec une vingtaine de ses navires dont la puissance de feu est considérable, le bâtiment espagnol, très imposant et extrêmement résistant, lui tient tête pendant près d'une heure. Arrivant à battre en retraite avec près de deux cents boulets de canon incrustés dans la coque, le *San Martin* rejoint les forces espagnoles. Il permet ainsi aux autres de se regrouper et de limiter la casse. Il est important de préciser que l'Armada ne perd que très peu de navires et reste alors un prédateur redoutable pour la flotte anglaise.

De très forts courants poussent les navires espagnols vers la mer du Nord, les empêchant de manœuvrer correctement, tandis que les unités de Drake les pilonnent par l'arrière. Cela n'empêche pas Alonso Pérez de tenter à plusieurs reprises un nouvel affrontement avec les forces anglaises. Les coups de canon se font entendre pendant des heures, des centaines et des centaines de boulets sont tirés, endommageant navire après navire. Soudain, la tempête gronde de nouveau, à laquelle s'ajoutent des vents incroyables, une mer démontée, des bancs de sable redoutables... La malchance frappe à nouveau et éloigne une nouvelle fois l'Armada.

À court de munitions, une bonne partie de ses navires étant mal en point et toujours poussés par de forts vents vers le nord, Alonso Pérez prend la difficile décision de retourner en Espagne et d'assumer le fiasco qui en résultera. Ce qu'il ignore à ce moment-là, c'est que la flotte anglaise est également au bout de ses réserves et n'a plus vraiment de quoi les assaillir. Sur terre, la défense est également très laborieuse et met du temps à se mettre en place.

Sans le savoir, l'amiral tourne donc le dos à une belle occasion de concrétiser les plans de la Couronne espagnole, héritant d'une malchance à toute épreuve qui aurait fait craquer plus d'un valeureux soldat. Étant bloquée au sud par les forces anglaises, l'Armada doit faire le tour de l'Angleterre par le nord. Les navires groupés forment une masse incertaine qui vogue près de côtes dangereuses et méconnues de ses hommes. Certains bateaux, trop endommagés, ne peuvent supporter les conditions de navigation difficiles et coulent avec leur équipage. D'autres, pris dans des bourrasques énormes, s'écrasent sur les côtes. Certains marins meurent noyés tandis que les rares survivants atteignent le rivage pour se faire massacrer par l'ennemi.

Après un mois et demi de navigation, ce qui reste de l'Armada arrive enfin en Espagne, le 22 septembre 1588. Des dizaines de navires se sont échoués en chemin et des milliers d'hommes ont perdu la vie. Ce qui devait être une des plus formidables invasions par voie de mer de l'Histoire s'est transformé en une débauche de coups du sort qui fragilisent l'image de l'Espagne. Les faits seront d'ailleurs modifiés et amplifiés par la littérature, exagérant les pertes espagnoles... et qualifiant d'«Invincible Armada», non sans ironie, la flotte de l'amiral Pérez.

À la suite de cette défense héroïque, les Anglais tentent à leur tour une opération maritime en 1589. Une opération qui tourne très mal pour le capitaine Francis Drake et ses hommes. Ces deux grands échecs militaires seront suivis d'un enlisement progressif de la situation. Il faudra près de quinze années pour que le traité de Londres soit signé en 1604, mettant ainsi fin aux conflits entre les deux puissances et faisant renoncer l'Angleterre à la piraterie.

Pendant ce temps-là dans le monde...

Le khanat de Sibir est un royaume mongol qui s'étale sur la partie ouest de la Sibérie et qui s'est développé durant la première moitié du XVe siècle. Pendant le XVIe siècle, les Russes tentent d'étendre leur territoire en conquérant plusieurs khanats qui, comme celui de Sibir, sont issus de l'éclatement du dernier grand Empire mongol : la Horde d'Or. C'est ainsi qu'en 1552 le khanat de Kazan est envahi, puis détruit. Ses dirigeants sont emprisonnés ou tués, sa population réduite en esclavage, puis déportée. Au sein du khanat de Sibir, certains sont donc méfiants vis-à-vis de la Russie, mais d'autres préfèrent tenter un rapprochement pour éviter un sort similaire. C'est le cas de Yadigar, khan de Sibir, qui pendant des années essaye de conserver de bonnes relations avec la Russie. Mais à sa mort le nouveau khan, Koutchoum, refuse de se plier à l'autorité russe. Pire! il la rejette complètement et, avec ses hommes, s'attaque à des comptoirs commerciaux tenus par les Russes. Ermak Timofeïévitch, un cosaque, est envoyé par le premier tsar de Russie Yvan le Terrible pour mener une sévère répression. Si Koutchoum réussit à tuer Ermak en 1585, les nombreuses pressions de la Russie parviennent en 1598 à faire basculer le khanat de Sibir de son côté.

Le 4 août 1578, le roi du Portugal Sébastien I⁰ʳ marche à la rencontre d'Abd el-Malik, roi du Maroc, avec plusieurs dizaines de milliers d'hommes. Inexpérimenté, il perd la vie lors d'une charge de cavalerie dans des circonstances qui restent troubles. Près de la moitié de ses hommes sont capturés et le Maroc laisse un représentant des prisonniers rapporter la nouvelle de la mort du roi dans son pays. Par un subtil jeu diplomatique et militaire, c'est Philippe II, roi d'Espagne, qui prend la tête du Portugal. Le pays subit de nombreuses pressions de la part des Espagnols et les Portugais rêvent de retrouver leur indépendance. C'est dans ce cadre tendu qu'entre 1584 et 1598 près de quatre faux Sébastien Iᵉʳ apparaissent spontanément! Des illustres inconnus qui, pour la plupart, tentent leur chance sur un coup de poker en prétextant une vague ressemblance physique avec le défunt roi dont le corps n'a toujours pas été rapatrié au pays. Si trois des quatre imposteurs sont pendus tandis que le quatrième est condamné aux galères, l'un d'entre eux arrive tout de même à monter une armée pour revendiquer ses droits sur la Couronne! Une armée qui subit une large défaite face aux troupes régulières du Portugal et qui scelle définitivement, avec les trois autres tentatives, la mort de Sébastien Iᵉʳ.

Le 27 août 1590, le pape Sixte V meurt après cinq ans de bons et loyaux services. Le 15 septembre 1590, le pape Urbain VII est élu pour lui succéder à la tête de l'Église catholique. Cependant sa prise de fonction ne s'avère pas aussi décisive qu'il l'aurait sans doute aimé. Il meurt en effet douze jours plus tard de la malaria, sans même avoir été couronné, ce qui fait de son règne le plus court de tous les règnes pontificaux.

À partir de 1588, Abbas Ier le Grand prend le contrôle de l'Empire safavide – actuel Iran. En dix ans à peine, il reconquiert tous les territoires perdus sous le règne de ses prédécesseurs, poussant même ses conquêtes jusqu'à Badgad. Il s'allie par la suite avec les Anglais pour repousser les Portugais, ce qui lui permet de rétablir le commerce et de faire prospérer son royaume. Son règne, considéré comme l'apogée de la dynastie safavide, permet ainsi à sa famille de conserver le pouvoir pendant plus de cent cinquante ans...

DÉTROIT DE MYONG-YANG

CORÉE
JAPON

26 OCTOBRE 1597

8

Myong-Yang, naissance d'un héros

En 1338, la famille Ashikaga règne en maître sur le Japon et la direction des provinces est assurée par des seigneurs locaux que l'on nomme les « daimyos » – littéralement les « grandes personnes », car ils sont issus de la noblesse. Ces politiques locaux, de plus en plus en opposition avec le pouvoir central, projettent pendant des années de prendre la place des Ashikaga. C'est ainsi que près de cent ans plus tard, en 1441, le shogun Yoshinori Ashikaga est assassiné pas les daimyos.

Deux familles, les Hosokawa et les Yamana, émergent et s'opposent brutalement. C'est la guerre civile d'Ōnin qui s'éternisera durant près de dix ans. Au terme de ce conflit, qui voit des centaines de milliers de soldats s'affronter, le territoire est profondément divisé et de nombreux combats éclatent entre les clans, que cela soit pour des causes sociales, économiques ou politiques. C'est ce que l'on nomme l'ère Sengoku, à ne pas confondre avec Sangoku, lui aussi passablement énervé lors de ses mauvais jours ! La guerre fait des ravages, la famine emporte les civils et, pour couronner le tout, des tremblements de terre viennent ajouter leur lot de malheurs au quotidien déjà difficile de la population.

Trois hommes aux destins hors du commun vont alors guerroyer l'arme au poing afin d'accomplir l'impensable jusqu'alors : unifier le Japon sous une seule et même bannière afin de garantir la paix. Une série de conquêtes, menée par l'impertinent Oda Nobunaga, puis poursuivie par Toyotomi Hideyoshi et Tokugawa Ieyasu, va permettre d'atteindre cet objectif.

L'homme qui nous intéresse particulièrement ici est le deuxième artisan de cette réunification, le ministre des Affaires suprêmes Toyotomi Hideyoshi. Après le suicide de son prédécesseur Nobunaga, Hideyoshi parvient à reprendre le pouvoir et à confirmer son influence sur le pays. Et, au prix de nombreuses batailles, il parvient à conquérir l'ensemble des terres japonaises en 1592. Une belle victoire pour celui qui n'est qu'un fils de fermier ayant progressé de manière fulgurante au sein d'une hiérarchie japonaise très codifiée.

Ambition démesurée, soif de conquête ou tout simplement tactique politique pour fédérer un peuple fraîchement uni, Hideyoshi prend alors une décision qui va changer le cours de l'Histoire : envahir le fameux royaume de Chine qui bat de l'aile depuis quelques années.

Pour arriver à ses fins, Hideyoshi doit passer par la Corée afin de faire débarquer ses troupes, mais le roi Seonjo ne l'entend pas de cette oreille et refuse catégoriquement d'accorder une autorisation de passage à l'armée japonaise. Le ministre, fort de son armée surentraînée qui possède entre autres des armes à feu, décide en conséquence de lancer son invasion sur la Corée : c'est la guerre Imjin. Le pays, mal préparé, désorganisé et surtout divisé comme l'était auparavant le Japon ne peut résister. En moins de trois semaines les troupes japonaises sont à Séoul, elles s'emparent du matériel, des ressources et capturent des prisonniers qui sont vendus aux marchands d'esclaves portugais.

L'armée progresse encore et toujours, s'enfonce dans les terres, réduit les forces coréennes à néant, tandis que la Chine proteste timidement. Alors que la victoire semble acquise apparaît pourtant un homme qui symbolise aujourd'hui encore la résistance face à l'envahisseur, la légende coréenne par excellence : l'amiral Yi Sun-sin. Et si vous pensiez que le principal protagoniste de ce chapitre était Toyotomi Hideyoshi, c'est loupé !

Yi Sun-sin est à la tête de la flotte coréenne, une des plus modernes et des plus puissantes de l'époque. Près d'une centaine d'unités, dont vingt-quatre navires de guerre lourds, équipés d'une artillerie dévastatrice, là où les Japonais n'ont que des fusils pour riposter. Sur terre, la Corée souffre, elle peine à reprendre son souffle. Sur mer, elle survole, elle surpasse, elle domine le combat. Sur les vingt-trois combats que livre l'amiral sur les flots, il n'essuie aucune défaite et se forge une très bonne réputation dans l'armée coréenne autant que japonaise.

En préservant ses navires, il envoie par le fond près de soixante-dix navires en juin, une vingtaine en juillet et plus de cinquante en août. Il capture même l'amiral japonais et le fait exécuter. Si cette formidable action permet de remonter le moral des troupes coréennes au sol, Yi Sun-sin prive surtout l'armée japonaise de ses ravitaillements et l'armée chinoise commence à envoyer des renforts en Corée pour repousser l'ennemi.

En février 1593, les Japonais abandonnent la ville de Pyongyang. La situation est critique pour Toyotomi Hideyoshi et une trêve paraît inévitable pour le ministre. Déçu mais loin de lâcher le morceau, il accepte la paix, qui s'installe alors pendant près de quatre ans. Une période de calme relatif durant laquelle les Chinois maintiennent des forces sur le sol coréen, tandis que certains soldats japonais sont également autorisés à rester pour fonder une famille.

L'affaire semble avoir été rondement menée, pourtant un petit problème diplomatique chamboule la situation en 1596. En effet, les diplomates de chaque camp ont tous présenté des conditions de paix légèrement différentes à leur seigneur dans le but de concrétiser cette trêve, difficile à faire passer d'un côté comme de l'autre.

Du côté chinois, le diplomate assure à l'empereur Ming, Shen Tsung, que le Japon accepte de devenir le vassal de l'empire et qu'en échange les relations commerciales entre les deux nations doivent reprendre. Du côté japonais, en revanche, pas question d'une quelconque allégeance à l'Empire chinois et le diplomate assure à Toyotomi Hideyoshi que les relations commerciales et culturelles reprennent tout simplement, car les deux pays sont égaux.

Quand l'empereur chinois envoie une lettre au ministre japonais en 1596, ce dernier est donc naturellement surpris par le ton de l'écriture. Persuadé d'avoir remporté la victoire malgré la résistance coréenne et chinoise, se sentant sûrement insulté par la position de vassal dont on le gratifie sans l'avoir prévenu, il demande des compensations à l'empereur chinois qui, bien évidemment, refuse.

Réaction prévisible, il décide donc de remettre le couvert en juin 1597 et de relancer une campagne militaire contre la Chine en passant par la Corée. Yi Sun-sin, notre fameux héros national, attend sagement, en poste sur l'île fortifiée de Hansan et reçoit l'ordre d'intercepter la flotte japonaise à Chilchonryang. Mais l'amiral est rusé et il pense que la flotte d'Hideyoshi lui tend un piège, il refuse donc d'attaquer pour préserver ses troupes et ses rivaux l'accusent de trahison. Cette décision amène Yi Sun-sin à être destitué de ses fonctions, puis réintégré en tant que simple soldat dans l'armée... échappant de justesse à la peine de mort grâce à ses états de service.

Le commandement de la flotte échoit alors à son rival de toujours, l'amiral Won Gyun. Et le moins que l'on puisse dire, c'est que cet homme est «légèrement» moins brillant que son camarade...

À la tête de cent soixante-six navires, il tombe effectivement dans un piège et arrive à perdre la quasi-totalité de sa flotte lors de la bataille de Chilchonryang. À la suite de cet affrontement, il rentre, démotivé, à la tête d'un petit groupe de treize navires seulement.

La situation est catastrophique. Les forces navales sont réduites à néant, les forces terrestres peinent à résister et c'est près de cent cinquante mille soldats japonais qui débarquent et foncent vers Séoul. Si la résistance des Sino-Coréens est plus énergique que pendant l'invasion de 1592, cela ne suffit pas à stopper la machine de guerre japonaise. On comprend alors aisément que le commandement coréen se tourne à nouveau vers le plus glorieux des soldats de son armée, l'amiral Yi Sun-sin, pour régler la question !

Si dans les films hollywoodiens le soldat «un peu cliché» qui est trahi et qui doit reprendre du service pour sauver sa patrie est souvent saisi de doutes, cela ne tracasse apparemment pas la conscience de l'amiral qui, lui, n'hésite pas une seconde à reprendre le commandement de la flotte ridicule qu'on lui met à disposition.

Treize navires de guerre, deux cents hommes d'équipages, il ne lui en faut pas plus pour se mettre

en marche contre la flotte japonaise qui compte près de trois cent trente unités, dont cent trente navires de guerre !

Shimazu Yukinaga[1] fixait profondément le clou rouillé qui sortait de la planche de bois. Rouillé, usé, fatigué par l'eau de mer tout comme il était lui-même amoindri par des mois d'affrontements. Combien d'assauts ce navire avait-il pu entreprendre ? Combien pourrait-il encore en supporter ? La vérité, c'est que Yukinaga ne voulait pas connaître la réponse à cette question. Il savait bien que celui que l'on nommait à bord « le dieu de la guerre[2] » rôdait quelque part, à l'affût de la moindre faiblesse de la flotte. Il planifiait peut-être même déjà sa percée, considérant que les conditions étaient réunies pour faire tonner ses maudits canons. À cette simple pensée le souvenir du corps de Nobunaga[3] s'enfonçant dans les eaux de Hansan[4]

---

1. Yukinaga est le prénom de Konishi Yukinaga, un seigneur local qui participe à la guerre de Corée et qui se révolte contre Tokugawa à la mort de Toyotomi Hideyoshi. Converti au christianisme, il est décapité en 1600 après avoir perdu face à son adversaire. Le nom du personnage, Shimazu, fait référence au clan Shimazu. Vaincu par Toyotomi Hideyoshi avant l'union du Japon, il participe notamment à la bataille navale de No Ryang.

2. « Le dieu de la guerre » est le surnom que donnaient les Japonais à l'amiral Yi Sun-sin, car il n'a jamais perdu une bataille.

3. Nobunaga est une référence à Oda Nobunaga, qui est le premier des trois grands unificateurs du Japon.

4. Hansan est une île fortifiée au large de laquelle l'amiral Yi Sun-sin remportera une des plus grandes victoires navales de tous les temps.

défila devant ses yeux, le fil de ses pensées s'arrêta net.

Il faisait étonnement froid pour une journée de septembre. Yukinaga risqua un coup d'œil vers ses compagnons qui semblaient tous aussi pensifs que lui. Il ravala la bile qui remontait le long de sa gorge, ne sachant pas très bien s'il la devait à l'anxiété d'un éventuel combat ou au tangage incessant de l'embarcation.

— Shimazu Yukinaga ? lança une voix de l'autre côté du navire.

— Oui capitaine ? répondit-il.

— Un soldat ne doit jamais lâcher son arme, où est la tienne ?

Le regard de son supérieur le transperçait de part en part.

Yukinaga se dirigea d'un pas mal assuré vers le bastingage et ramassa son fusil.

— Ce n'est pas avec nos poings que nous protégerons notre flotte, souvenez-vous-en.

Autour du Kobaya[1] du capitaine Wakisaka[2], des centaines de navires paraissaient avancer au ralenti,

---

1. Le Kobaya était une petite embarcation légère et rapide servant principalement aux abordages et aux attaques éclairs sur les flottes ennemies. Comptant un peu moins d'une quarantaine d'hommes d'équipage, ces derniers peuvent être équipés d'arcs ou de fusils à mèche.
2. Wakisaka est le commandant de la flotte japonaise pendant la bataille de Hansan.

luttant contre la marée et les tourbillons qui se formaient au gré des courants. Le détroit semblait être le théâtre d'un étrange ballet silencieux que seul le chant des oiseaux venait perturber. Yukinaga plongea son regard vers l'ouest quand il crut apercevoir une ombre au raz des collines.

— Capitaine ? dit-il.

Soudainement des cris s'élevèrent de toute part, au loin on distinguait désormais clairement la flotte ennemie. Tandis que les hommes se regroupaient sur le pont, le capitaine Wakisaka pointa du doigt un navire.

— Capitaine ? répéta Yukinaga.

Wakisaka se retourna vers lui, un rictus au coin de la bouche, et lâcha dans un murmure qui glaça le sang du jeune homme :

— C'est lui.

Le 26 octobre 1597, dans le détroit de Myong-Yang, la flotte japonaise progresse pour ravitailler l'armée de terre qui est déjà en bonne position sur le territoire coréen. Les conditions de navigation sont particulièrement compliquées sur cet axe marqué par d'intenses courants et de forts vents.

L'amiral Yi Sun-sin connaît parfaitement l'endroit, il use de son expertise pour tenter une manœuvre audacieuse. Il cache ses bateaux et surprend l'adversaire en lui bloquant la route au dernier moment. Le tir de barrage est rude. Les Japonais, surpris, tentent de riposter mais leurs embarcations ne sont pas conçues pour des eaux si mouvementées. De plus, la portée de leurs canons est insuffisante, les changements de direction sont difficiles et les dégâts considérables. L'amas de chair et de bois japonais est pilonné sans relâche par Yi Sun-sin. Bientôt, les Coréens repêchent le corps de l'amiral japonais Kurushima Michifusa et le décapitent avant de planter sa tête en haut du mât du navire de Yi Sun-sin. Parmi les forces d'Hideyoshi, c'est la panique, le commandement n'est plus assuré, la marée s'inverse et les courants toujours plus forts provoquent des collisions entre navires qui sombrent au fond du détroit. De toute part, des cris retentissent, le bruit du bois qui se fend n'arrive pas à couvrir celui des canons qui tonnent, encore et encore. Certains marins tentent de fuir leur navire, mais sont emportés au large où ils meurent noyés. Quand la flotte japonaise arrive enfin à se retirer et à battre en retraite, il est trop tard...

Le bilan de la bataille est extrêmement lourd pour les envahisseurs qui bénéficiaient pourtant d'une très grande supériorité numérique. Trente et un navires coulés, quatre-vingt-douze mis hors d'état de combattre, entre huit mille et douze mille morts ou blessés... Des chiffres absolument inconcevables quand on les compare aux forces coréennes en présence qui, de leur côté, déplorent deux morts, trois blessés et aucune perte navale.

Au-delà de l'exploit militaire brut que l'amiral Yi Sun-sin accomplit ce jour-là, c'est bien toute la Corée qu'il sauve avec ses treize navires. Le détroit de Myong-Yang qui ouvre sur la mer Jaune était en effet une zone stratégique vitale pour l'armée de Toyotomi Hideyoshi, car elle lui permettait d'envoyer renforts et ressources pour son armée de terre aux prises avec les Chinois et les Coréens.

Sans le contrôle de ce détroit et sans flotte suffisamment aguerrie pour envisager une contre-attaque, les troupes japonaises battent progressivement en retraite. Les renforts chinois arrivent de toute part, autant par voie de terre que voie de mer. Les forces coréennes reconstruisent leurs bateaux et l'ennemi est confiné dans une position délicate, au sud-est.

Le 18 septembre 1598, le ministre japonais Toyotomi Hideyoshi meurt et c'est le coup de grâce pour les Japonais dont la légitimité de l'action est amoindrie. Yi Sun-sin engage une dernière bataille à No Ryang, le 16 décembre, avec une flotte de cent cinquante navires contre cinq cents bateaux japonais. Une fois de plus, c'est un désastre pour les forces ennemies, l'amiral coule près de 80 % de la flotte adverse et met un point final à la tentative d'invasion de la Corée.

C'est au cours de cette bataille que Yi Sun-sin est touché par une balle. Masquant la plaie aux yeux de ses soldats pour finir le combat dans de bonnes conditions, il décède sur son bateau à la fin de la bataille et entre ainsi dans l'Histoire comme le sauveur de la Corée.

Les plaies du pays seront longues à être pansées, des villages entiers ont disparu de la carte, la population est traumatisée et la barbarie des Japonais laisse des traces encore aujourd'hui. C'est ainsi qu'à Kyoto, au Japon, un monument, le Mimizuka, accueille en son sein les quelque trente-huit mille nez de soldats et de civils coréens que l'armée d'Hideyoshi a tranchés durant la guerre Imjin !

Pendant ce temps-là dans le monde...

Le 23 décembre 1588, Henri III se retrouve au cœur d'un conflit qui déchire le royaume de France entre catholiques et protestants. Il fait assassiner le duc de Guise, principal artisan de la Ligue catholique, et tente de prendre le contrôle de cette dernière afin de tempérer les ardeurs des plus fervents opposants au protestantisme. C'est un échec et le conflit mène le roi au siège de la ville de Paris, alors sous contrôle catholique. Il meurt moins d'un an plus tard, après avoir été poignardé sur ses toilettes par un moine fanatique.

Le Songhaï est un empire africain qui s'étend pendant près d'un siècle et demi autour du fleuve Niger, sur les territoires de l'actuel Ghana et du Mali. En 1591, en proie à une crise dynastique, l'empire subit les attaques de l'armée marocaine d'Ahmad al-Mansur. Sa capitale, Tombouctou, alors très réputée pour sa culture, ses écoles et son commerce, perd peu à peu l'aura qu'elle avait acquise en Afrique de l'Ouest. En mars de la même année, lors de la bataille de Tondibi, le chef de l'Empire songhaï, Askia

Ishaq II, est défait par l'Espagnol Djouder Pacha qui commande des troupes armées de fusils. L'empire s'effondre et les quelques rebelles qui refusent de se soumettre se réunissent en une douzaine de principautés.

En 1593, la Longue Guerre éclate entre les Habsbourg et les Ottomans. Ces derniers cherchent notamment à conquérir des territoires dans les Balkans et en Hongrie. Ce conflit, qui dure près de treize ans, se solde par un échec de part et d'autre, les deux armées étant incapables d'atteindre leurs objectifs.

En 1598, Juan de Oñate, considéré comme le dernier des conquistadors, colonise le Nouveau-Mexique. Sa mission principale est de convertir les Amérindiens. Cependant Juan est un explorateur sanguinaire qui massacre de nombreuses populations. Les Amérindiens finiront par fuir dans les montagnes pour y mourir de faim et de froid.

De 1601 à 1603, une des plus grandes famines de l'Histoire frappe la Russie. C'est plus de deux millions de personnes qui perdent la vie, soit près d'un tiers de la population. Cette famine est la conséquence de récoltes catastrophiques non seulement en Russie mais également dans le reste du monde. On soupçonne l'éruption en 1600 du volcan Huaynaputina, situé au Pérou, d'être la cause principale de cette famine.

À partir de 1603, l'explorateur et cartographe Samuel de Champlain poursuit l'œuvre de Jacques Cartier en explorant le nord-est de l'Amérique et en s'enfonçant toujours plus loin sur le fleuve Saint-Laurent, appelé à l'époque «la grande rivière de Canada». Il établit quelque temps plus tard ce qui deviendra les villes de Québec et de Trois-Rivières.

LANDE DE CULLODEN

JACOBITES
HANOVRIENS

16 AVRIL 1746

9

Culloden, la dernière marche pour le trône

Au XIIe siècle en Écosse, un certain Walter Fitzalan, un noble breton, sert si bien son roi David Ier d'Écosse qu'il obtient de nombreuses terres et le titre de grand intendant, aussi appelé grand sénéchal en français et *Steward* en anglais. Son titre se transmettant à ses héritiers, la famille Fitzalan change progressivement son nom en Stewart et, en 1371, près de deux cents ans plus tard, Robert II Stewart monte sur le trône d'Écosse. C'est le début d'une des plus grandes dynasties que l'Europe ait portées, régnant sur l'Écosse, l'Irlande, le pays de Galles et l'Angleterre pendant près de trois cent cinquante ans.

En 1603, la reine d'Angleterre, Élisabeth Ire, décède sans héritier. Son cousin, Jacques VI roi d'Écosse, devient Jacques Ier, roi d'Angleterre et d'Irlande, entamant ainsi un premier rapprochement entre les trois royaumes. À cette époque, ces pays conservent cependant leur indépendance et le nouveau roi entend bien convaincre les nobles et les parlements des différents royaumes de profiter de l'occasion pour les unir une bonne fois pour toutes. La proposition d'un parlement unique pour la gestion du territoire qui serait régi par une même loi et gouverné par un seul roi est toutefois rejetée. Inutile alors de préciser que, d'un point de vue écossais, le règne de Jacques est considéré comme plutôt positif, alors que, chez nos amis anglais, ses tentatives d'empiétement sur leurs plates-bandes lui valent une réputation bien plus sulfureuse.

Lorsque son fils Charles Ier arrive au pouvoir, il n'a de cesse que de continuer l'œuvre de son père et de tenter d'unifier le pays. Plus que ça, il veut renforcer le pouvoir royal pour que celui-ci soit absolu, ce qui ravive les tensions avec le parlement anglais. Une chose n'en arrangeant par une autre, il épouse une jeune catholique, tandis que les Anglais sont très majoritairement anglican.

Ces tensions se cristallisent en 1642 lorsque la guerre éclate entre les parlementaires d'un côté et les royalistes de l'autre. L'Écosse et l'Angleterre sont déchirées par des conflits internes, c'est la première révolution anglaise. Cependant, la gestion catastrophique des événements par Charles Ier, dont les forces sont principalement composées de mercenaires, provoque un retournement des Écossais qui rejoignent les forces parlementaires.

Charles est vaincu pour un moment, mais après avoir de nouveau rallié son peuple d'origine, il revient à la charge en 1648 en envahissant l'Angleterre. C'est l'échec de trop qui le conduit directement au procès, une première pour un roi, puis à la mort par décapitation. La monarchie est abolie et Olivier Cromwell, le leader des parlementaires, veut établir le premier protectorat du royaume d'Angleterre afin d'aboutir à une véritable république. Mais la mort brutale de cet opposant permet le retour en force des royalistes et de la lignée des Stewart.

Charles II remonte sur le trône d'Angleterre dans un contexte difficile donc et prône une plus grande liberté de religion pour réconcilier catholiques et anglicans. Un échec, puisque son propre frère, catholique, est la cible de complots et de lois visant à l'écarter de la succession, en raison de sa foi.

Quand Charles meurt, c'est tout de même son frère Jacques II, finalement, qui prend sa place. Et c'est véritablement à partir de lui que les ennuis commencent. Comme son père avant lui, Jacques a une vision très absolutiste du pouvoir. Pas de quoi le mettre dans une position confortable dès le départ au vu également de son catholicisme qui pose déjà des problèmes et de son amour très prononcé pour la France. D'ailleurs, on trouve souvent dans les livres d'histoire le nom de famille Stewart francisé en Stuart, symbole évident de la complicité entre l'État français et la dynastie. Une chose est sûre, la vision du roi concernant l'avenir du royaume est en totale contradiction avec ce qu'espèrent les nobles anglais et ils le font savoir.

La fille de Jacques II, Marie, est mariée à Guillaume III d'Orange-Nassau, un Hollandais qui rêve de prendre le contrôle du royaume et de pouvoir contrecarrer les ambitions de Louis XIV qui manifeste une hostilité flagrante envers les protestants. À l'appel des nobles anglais, Guillaume débarque en Angleterre avec près de vingt mille hommes pour s'emparer de la couronne de Jacques, qui, contre toute attente, prend peur et fuit en France laissant le parlement anglais nommer Guillaume III nouveau roi d'Angleterre. Quelque quarante mille fidèles de Jacques, les jacobites, suivent leur roi. La «déclaration des droits» est alors signée et interdit à un catholique de monter sur le trône. Elle fixe également un certain nombre de libertés pour le Parlement et interdit la formation d'une armée si le royaume est en paix. Le pouvoir royal semble prendre un sérieux coup dans l'aile, mais Jacques II ne l'entend pas de cette oreille.

En 1689, il lance un débarquement sur les côtes irlandaises, le premier d'une série aux côtés de son fils et de son petit-fils dans le but de reconquérir le pouvoir. Rapidement repoussé par l'armée de Guillaume III, Jacques II rentre définitivement en France et perd progressivement le soutien de Louis XIV.

Son fils, surnommé «le chevalier Saint-George», tente par trois fois de rallier l'Angleterre. En 1708, la flotte anglaise et le mauvais temps l'empêchent tout simplement de poser le pied à terre. En 1715, un soulèvement jacobite sur le territoire lui permet de revenir temporairement avant de fuir devant l'armée anglaise qui réduit à néant les forces rebelles. En 1719, une nouvelle occasion semble se présenter et, avec l'aide des Espagnols, Jacques François Stuart voit une chance de reconquérir le trône. La flotte qui doit le mener à bon port subit une terrible tempête et seulement trois cents hommes débarqueront dans le sud-ouest de l'Écosse, c'est une nouvelle déconvenue.

À ce stade-là, il est légitime de se demander comment, après tant d'échecs retentissants, la famille Stuart peut encore être convaincue d'avoir une chance de reconquérir le trône d'Angleterre. Une question qui n'appelle pas de réponse face à la fougue de la jeunesse et à l'enthousiasme de Charles Édouard Stuart, petit-fils de Jacques II et héritier direct du chevalier de Saint-George. Surnommé «Bonnie» en référence à sa beauté, il débarque en juillet 1745 avec sept compagnons sur la petite île d'Eriskay en Écosse. Il contacte les chefs locaux, pour la plupart favorables au retour des Stuart, et promet qu'en cas de mobilisation ils ne resteraient pas seuls bien longtemps, car les Français viendraient à leur secours. La plupart des chefs de clan des Highlands se rallient à sa cause, tandis que dans les Lowlands, on reste neutre mais on ne lui barre pas le chemin. Une armée de près de cinq mille hommes marche ainsi sur Édimbourg, et la ville, déjà majoritairement aux mains des jacobites, fait un accueil triomphal au jeune Bonnie.

À Londres, la panique s'empare de George II de Grande-Bretagne, qui dirige désormais le pays. Pour la première fois depuis des dizaines d'années, un Stuart est en passe de réunir des forces suffisantes pour mettre en péril son pouvoir et celui de la dynastie hanovrienne dont il est issu. Le monarque décide alors de réunir des soldats dans l'urgence, les mettant sous le commandement du général John Cope. Des soldats souvent inexpérimentés qui doivent faire face à une armée soudée et motivée pour faire basculer le destin du pays.

Le général anglais prend la direction du nord et les deux armées se rencontrent à Prestonpans, juste à l'est d'Édimbourg, le 21 septembre 1745. Les troupes de Charles, commandées par Lord George Murray, profitent de la nuit tombée pour contourner les forces de John Cope. À l'aube, une marée de quelque mille cinq cents kilts déferle sur les cavaliers anglais. Équipés de leurs seules épées, les jacobites acculent les soldats dans un fossé. Les Hanovriens se défendent, tirent grâce à leurs fusils, tuent quelques rebelles, trop peu cependant pour que cela ait un effet dissuasif. Les officiers de John Cope tentent de reformer les rangs, menaçant d'exécuter les lâches qui fuient. En moins de dix minutes, c'est la débâcle. La cavalerie tourne les talons, galopant aussi vite que possible pour sortir de cet enfer, tandis que les soldats se rendent les uns après les autres.

Près de mille cinq cents captifs, plusieurs centaines de morts, un butin considérable, la victoire de Bonnie

est complète. Ce fait d'armes, relayé à travers toute l'Angleterre, provoque un véritable séisme parmi la population et l'exécutif en place. La rumeur prétend même que le jeune prince prodigue de bons soins aux soldats de la Couronne anglaise qui n'avaient pas la chance d'avoir un cheval pour fuir ce jour-là. Ce coup de maître laisse cependant les jacobites sur un dilemme cornélien. Peuvent-ils se contenter de l'Écosse qu'ils sont en capacité de reconquérir, ou faut-il pousser plus loin pour reprendre ce qui, d'après eux, leur revient de droit?

Avec le soutien de nombreux chefs des Highlands et leurs cinq mille hommes, Bonnie décide de marcher sur Londres, persuadé que le peuple se ralliera à lui durant sa progression vers la capitale. Si dans un premier temps son assurance et la promesse de soutien des Français imposent le respect et font craindre le pire au roi d'Angleterre, bien vite Charles Édouard déchante face à la réalité du terrain. Une région hostile, un peuple indifférent, une ville en état d'alerte prête à recevoir la charge, les failles s'accumulent dans son plan de conquête et, bien rapidement, le mécontentement se fait entendre dans ses propres rangs. Doucement l'hiver s'installe, les troupes progressent lentement. George II confie la charge à son fils, Guillaume Auguste, duc de Cumberland, de traquer les jacobites et de les anéantir. Une armée de miliciens se met également en marche depuis Londres, tandis que celle du commandant George

Wade converge aussi vers Charles Édouard. Les Français, que le jeune prince attend avec espoir, semblent aux abonnés absents.

Le 7 décembre 1745, Bonnie rassemble ses officiers dans un bâtiment de la ville de Derby, à deux cents kilomètres de la capitale, afin de tenir un conseil de guerre. Il expose les choix qui s'offrent à eux et propose de continuer l'offensive sur Londres. Une proposition visiblement inenvisageable pour ses officiers qui la rejettent en bloc, préférant organiser ce que l'on peut volontiers qualifier de déplacement tactique à reculons : une fuite majeure vers l'Écosse.

Pendant près de quatre mois, les Highlanders de Bonnie se font harceler sur les routes, enchaînant les escarmouches, remportant des victoires ponctuelles par ici et se faisant repousser par là. Les troupes tiennent le choc, mieux que ça, elles essaient de prendre possession de places fortes tenues par le gouvernement.

Le 28 janvier 1746, les jacobites repoussent de nouveau les «dragons», des régiments de cavalerie anglais, avec une charge en bonne et due forme de leurs troupes. C'est la bataille de Falkirk, sans doute un des derniers moments de gloire pour l'armée de Charles Édouard Stuart. Les vivres commencent à manquer, les finances aussi et les hommes sont épuisés par la marche et le mauvais temps. Certains Highlanders craquent et quittent l'armée pour retrouver leur ferme. C'est dans ce contexte difficile que le duc de Cumberland se rapproche dangereusement de l'armée de Bonnie, le 15 avril 1746. Afin d'éviter une éventuelle bataille rangée, Bonnie tente sa chance dans la nuit du 15 au 16 avril, il envoie une partie de ses hommes pour surprendre le campement anglais. Une approche désespérée qui tourne rapidement au fiasco quand les soldats jacobites trébuchent dans le noir et alertent leurs ennemis.

La retraite est organisée afin de se retrouver aux abords de Culloden, un village bordé d'une grande lande de terre parsemée de petits murets derrière lesquels les jacobites peuvent s'abriter. Les officiers de Charles Édouard, conscients que l'affrontement serait suicidaire, tentent de convaincre le prince de ne pas engager les hostilités le lendemain. Ils lui proposent de fuir, encore et toujours, afin de reprendre des forces pour mieux contrer leur offensive. Bonnie refuse, las de cette retraite et confiant dans la capacité de ses Highlanders de mettre une fois de plus en déroute les forces de Cumberland...

À treize heures le lendemain, les troupes se mettent en position dans la lande de Culloden. Les jacobites alignent treize canons de piètre qualité, quelque cinq mille hommes répartis sur deux lignes et près de deux cents cavaliers assurant leurs arrières. Les forces du duc comprennent quant à elles près de huit mille hommes à pied, huit cents cavaliers sur les ailes, une dizaine de canons et six mortiers de gros calibres. L'air est très humide et la pluie tombe sans arrêt, rendant le sol meuble, glissant, bosselé. Des conditions qui ne sont pas optimales pour une charge à l'épée, surtout avec des fusiliers prêts à les cueillir au premier pas. Une première détonation puis une seconde se font entendre. L'affrontement d'artillerie commence, le duel est inégal. Bientôt les canons jacobites sont réduits en miettes, tout comme les soldats inexpérimentés qui les manœuvraient. Le clan Cameron, qui fait face aux pièces d'artillerie anglaise, attaque alors, entraînant avec lui tous les autres Highlanders dans une charge à la fois héroïque... et absurde. En face, la réaction ne se fait pas attendre, les obus sont remplacés par des boîtes à mitraille, des cylindres métalliques contenant des centaines de balles de plomb. Un déluge de feu s'abat sur les soldats jacobites, chaque coup de mitraille emporte des dizaines des leurs. Les fusiliers de Cumberland prennent également bien soin de tirer leurs cartouches avant que le front ne vienne à leur rencontre.

Sur le flanc droit, les troupes de Bonnie sont décimées, elles n'arrivent même pas à toucher la première ligne de fantassins. Sur le flanc gauche, les jacobites viennent s'empaler sur les baïonnettes. Seules les troupes du centre, affaiblies par les tirs, parviennent à enfoncer la ligne anglaise juste à temps pour se retrouver devant la seconde ligne ; s'ensuit ce qui relève plus de l'exécution que de l'affrontement pur et simple. En moins d'une heure, c'est près de mille cinq cents soldats qui perdent la vie dans les rangs de Charles Édouard et cinq cents de ses hommes sont faits prisonniers. Le peu de cavalerie dont il dispose tente de couvrir la fuite du reste de l'armée.

Guillaume Auguste, lui, savoure sa victoire et ne compte qu'une cinquantaine de morts. Contrairement à Bonnie, qui avait soigné les soldats anglais blessés au combat lors des précédentes batailles, le duc de Cumberland ordonne le massacre systématique de tout jacobite retrouvé sur le champ de bataille. Afin d'éviter des témoins gênants, il fait également exécuter toute personne qui se trouvait aux abords du champ de bataille. Les maisons sont incendiées pour détruire les potentiels abris de l'ennemi et quand il retrouve une trentaine d'Highlanders dans une ferme il donne tout simplement l'ordre de les brûler vifs !

À la lisière du bois, Charles Édouard[1] était tapi dans l'ombre, ses ongles plantés dans l'écorce d'un immense arbre, il entendait au loin les cris de ses camarades agonisants.

— Charles ? Dépêchez-vous, vous ne pouvez plus rien pour eux...

Donald était nerveux, il savait que le duc de Cumberland voulait par-dessus tout la tête du jeune

---

1. Les protagonistes évoqués dans la partie fiction sont tous réels. Dans sa fuite, Charles Édouard Stuart a été accompagné, notamment, de quatre compagnons : Donald Cameron of Lochiel et son frère, Sir John O'Sullivan et Thomas Sheridan. Donald Cameron, à la tête du clan des Cameron, perd en effet plus de la moitié des hommes de son clan ce jour-là.

Stuart. S'il voulait avoir une chance de s'en tirer, il fallait partir rapidement.

— Charles... on doit rejoindre Strutharrick[1] au plus vite, il va falloir traverser la rivière! insista Donald.

Charles Édouard se retourna vers son compagnon d'infortune. Tout en rangeant sa lame, il s'enfonça dans la forêt.

— À quoi bon? Tout est fini, nous avons perdu, que nous reste-t-il? se lamenta le prince.

— La vie. Il nous reste la vie et nous devons nous battre pour que vous puissiez en profiter le plus longtemps possible, mon ami.

Soudain un craquement se fit entendre sur la droite des deux hommes, les obligeant à se baisser brusquement. À travers les feuillages, Bonnie pouvait voir deux hommes qui marchaient lentement, à l'affût du moindre bruit, de la moindre respiration qui trahirait la présence d'un homme dans les parages. Donald se leva d'un bond.

— John? Thomas? demanda-t-il d'une voix mal assurée.

Le premier homme se retourna avec un petit sourire au coin des lèvres.

— Content de voir que nous ne sommes pas les seuls à avoir pu nous dégager, il me semblait

---

1. La fuite vers Strutharrick est évoquée par l'historien et philosophe écossais David Hume dans son livre *Histoire d'Angleterre*, tome 8. Cependant aucune trace de cette ville n'apparaît sur une carte.

pourtant t'avoir vu en bien mauvaise posture avec tes troupes, constata John.

— *J'ai bien dû perdre la moitié de mon clan sur cette maudite lande, mais je vais bien. Il faut que nous emmenions Charles en sécurité, les Fraser[1] devraient pouvoir le cacher pendant un temps.*

— *Les Fraser ? s'étonna Thomas qui venait de les rejoindre. Est ce qu'on peut leur faire confiance ?*

— *Si leur position officielle n'est pas en notre faveur, je les connais bien.*

Bonnie approcha silencieusement des trois hommes, il semblait en proie à un questionnement intérieur qui lui tordait le visage, le rendant soudain beaucoup moins avenant.

— *Nous devons regagner la France, mon cousin le roi[2] ne peut pas nous laisser ainsi. Il y a forcément une issue à ce cauchemar...*

Il se retourna vers Donald, lui faisant un rapide signe de la tête.

— *Par où allons-nous ?*

— *Nous vous conduirons à l'ouest, vers Inverness, suffisamment loin pour que les hommes du duc ne*

---

1. Le clan des Fraser a toujours supporté les Hanovriens, mais en 1745 il décide de faire volte-face et de changer de camp. Simon Fraser of Lovat, le chef du clan, est condamné pour trahison envers la Couronne. En 1747, il est décapité en place publique. Il s'agit là de la toute dernière exécution publique par décapitation qu'il y ait eu en Angleterre.

2. Quand Bonnie fait référence à son cousin français, il s'agit de Louis XV.

mettent pas à sac toutes les maisons qu'ils croiseront. Du moins je l'espère...
Les quatre jacobites se mirent en marche, une autre aventure commençait, beaucoup moins enthousiasmante cette fois-ci.

Durant des semaines, Bonnie réussit à échapper aux Anglais avec ses compagnons proches, se déguisant parfois en femme pour tromper leur vigilance. Sa tête est mise à prix près de trente mille livres. Pendant des mois, Cumberland écume la région et les Highlands, mettant en œuvre une répression très violente vis-à-vis des jacobites et de tous ceux qui ont pu soutenir de près ou de loin les volontés de Charles Édouard. Les soldats tuent les hommes et violent les femmes, des milliers de personnes sont massacrées et les fermes qui tiennent encore debout doivent vendre pour une bouchée de pain leur bétail afin de nourrir l'armée. Exécutions, pendaisons, détentions dans des prisons insalubres en laissant les captifs mourir de faim... en quelques mois, le duc de Cumberland se forge une sinistre réputation et devient « le boucher de Culloden ».

Afin d'éliminer toute trace de résistance et de décourager totalement les partisans des Stuarts, George II d'Angleterre fait interdire le port du tartan, étoffe symboliquement portée par la plupart des Highlanders. Il interdit également aux hommes de pouvoir porter une arme, d'utiliser une cornemuse et, par la suite, met fin aux clans en proclamant une abolition des juridictions héréditaires. Il met donc à mal toutes les structures des clans, ce qui entraîne fatalement leur disparition. Bonnie, qui après quatre mois d'angoisse sur le sol britannique parvient à retourner en France, ne reviendra jamais à la charge. Les Stuarts sont définitivement écartés du pouvoir qui reste majoritairement aux mains du Parlement et du roi George II.

Plus que l'évincement d'une dynastie, la bataille de Culloden marque aussi et surtout le dernier conflit entre factions rivales sur le sol britannique. Le terrain est aujourd'hui un lieu de pèlerinage et de nombreux chants et poèmes font références au courage des Highlanders qui se sont battus ce jour-là.

Pendant ce temps-là dans le monde...

En 1742, le colonel Jean-François Boyvin de Bonnetot, marquis de Bacqueville, relève un défi plutôt... original ! À l'aide d'ailes fixées aux bras et aux jambes, il s'élance d'un bâtiment de Paris pour traverser la seine. Après un vol plané sur plus de trois cents mètres, il s'écrase sur un bateau et se casse la jambe. Il devient le premier homme à avoir traversé la Seine par les airs.

Dans les années 1730, l'Espagne, pour lutter contre la contrebande de marchandises, multiplie les opérations de contrôle et de saisie dans les eaux de leurs colonies. En 1731, le *Rebecca*, un navire anglais, est ainsi abordé et son capitaine, Robert Jenkins, se fait trancher l'oreille pour que cela lui serve de leçon. Pendant les années suivantes, les tensions entre l'Espagne et l'Angleterre se renforcent. En 1739, les Anglais partisans de la guerre appellent Jenkins à témoigner de son histoire devant les parlementaires. Après qu'il eut montré à tous son oreille découpée, conservée dans un bocal de cornichons, le pays s'embrase et déclare la guerre à l'Espagne le 30 octobre 1739. La «guerre de l'oreille de Jenkins» dure ainsi près de neuf années pendant lesquelles des dizaines de milliers d'hommes anglais, espagnols et français vont s'affronter dans les eaux des Caraïbes et du golfe du Mexique.

Nâdir Châh, empereur perse à l'origine de la dynastie des Safavides, meurt en 1747 après avoir dirigé le pays pendant plus d'une dizaine d'années. Durant son règne, il repousse les attaques afghanes sur son territoire et entreprend une énorme conquête qui le mène à conquérir non seulement l'Afghanistan mais également une grosse partie de l'Inde. Son butin de guerre est si énorme que pendant près de trois ans il suspend les impôts pesants sur son peuple. Après son décès, tous ses enfants et ses petits-enfants sont assassinés par son neveu, Adil Châh, qui prend le pouvoir. Ce dernier est rapidement renversé par son propre frère qui lui crève les yeux. Cependant les deux rebelles ne font pas long feu car la même année un coup d'État amène un nouveau protagoniste à les assassiner tous les deux.

En 1751, sous la direction de Denis Diderot et Jean Le Rond d'Alembert, le premier volume de l'*Encyclopédie ou Dictionnaire raisonné des sciences, des arts et des métiers* est publié. C'est le début d'une aventure éditoriale de plus de vingt ans sur laquelle vont travailler près de cent cinquante intellectuels. Cette première encyclopédie française, qui a pour but de regrouper toutes les connaissances de l'époque, comporte dix-sept tomes d'écrits et onze tomes

NOTA BENE

d'illustrations pour plus de soixante-dix mille articles. Son dernier tome est publié en 1772, alors que l'œuvre a suscité pendant des années une opposition tenace, notamment de l'Église, ce qui a amené certaines publications à être censurées pendant une courte période.

En 1754, les Anglais et les Français revendiquent tous les deux le contrôle de la vallée de l'Ohio, territoire de l'Amérique du Nord. L'officier canadien Joseph Coulon de Villiers est envoyé par la France en reconnaissance pour vérifier que la terre n'est pas occupée par les Anglais. Le cas échéant, il doit transmettre une demande d'ultimatum aux officiers anglais en leur demandant de se retirer. Malheureusement pour Joseph, qui est accompagné d'une trentaine d'hommes, un contingent britannique lui tend une embuscade. Une dizaine de soldats canadiens meurent et Joseph, sans que l'on sache vraiment comment, perd la vie. L'affrontement, qui oppose moins d'une centaine de combattants pendant quinze minutes environ, est le premier combat de la guerre de Sept Ans, souvent considéré comme le premier conflit d'ampleur mondiale. L'officier britannique en charge de l'embuscade était un certain George Washington, futur président des États-Unis.

AMÉRICAINS
CANONS
INDIENS

4 NOVEMBRE 1791

RIVIÈRE DE LA WABASH

10

La Wabash et l'expansionnisme américain

Au XVe siècle, les forces occidentales colonisent en masse les territoires du Nouveau Monde. De nouvelles richesses incroyables, désormais à portée de main, suscitent la convoitise des Couronnes européennes. Bien rapidement, des alliances sont nouées et des guerres déclarées avec les populations locales. En Amérique du Nord, les colonies anglaises et françaises se multiplient, les relations avec les Amérindiens deviennent des enjeux centraux pour stabiliser le commerce et permettre aux colons de s'installer durablement.

C'est notamment le cas pendant la guerre de Sept Ans, de 1756 à 1763, qui oppose les grandes puissances occidentales, dont la France et l'Angleterre, et qui engage de nombreuses tribus qui se rallient à l'un ou l'autre des deux camps. À la suite de la victoire de l'Empire britannique, le roi George III sait qu'il doit prendre en considération la force de frappe considérable que représentent les Amérindiens. Il délivre une

proclamation royale en 1763 et tente de réguler la
colonisation des terres amérindiennes afin de faciliter
les échanges et d'éviter une nouvelle guerre.

Très affaibli, économiquement après sept ans de
lutte acharnée contre la France, l'empire britannique
crée de nouvelles taxes qui pèsent sur ses colonies.
Pendant près de quinze ans, cette pression fiscale
engendre des tensions, des émeutes et des affrontements. Les colons refusent de payer pour un État qui
les gouverne de l'autre côté de l'Atlantique et qui
ne daigne même pas leur offrir une représentation au Parlement.

En 1775, la guerre d'indépendance des États-Unis
éclate : c'est le début d'un conflit destructeur qui
s'étale sur près de huit ans. Dans les deux camps,
toutes les mains qui peuvent venir en renfort sont les
bienvenues et les regards se tournent autant vers
les esclaves noirs des plantations que vers les
Amérindiens, représentant une minorité d'individus
qui peut tout de même jouer, ponctuellement, un
rôle important. Les Américains natifs, comme on
les appelle également, se joignent dans leur grande
majorité aux forces britanniques en raison de la proclamation de 1763 : ils veulent conserver leurs terres.
Malheureusement pour eux, la défaite guette les
Britanniques qui signent en 1783 le traité de Paris.
La fin de la guerre est déclarée, les États-Unis
d'Amérique sont reconnus et dissociés de l'Empire
britannique.

Bien plus qu'une simple défaite ou victoire, selon le côté duquel on se place, ce traité a une influence considérable sur les populations amérindiennes du nord de l'Amérique car les territoires sur lesquels elles vivaient passent dès lors sous domination américaine. Pour remercier les vétérans de leur armée, les États-Unis rognent sur les terres indiennes afin d'en faire don à leurs soldats. Les six nations amérindiennes sont contraintes de céder certains territoires et des familles entières doivent se déplacer dans le sud de l'Ontario.

C'est à ce moment-là que se cristallisent des tensions qui sont présentes depuis des années entre les Américains et les Amérindiens, notamment à la frontière de l'Ohio et de la Géorgie. D'un côté, l'expansion timide mais progressive des Américains en territoire indien, sans leur autorisation, provoque une certaine colère chez ces derniers, et de l'autre, la réponse parfois disproportionnée des natifs, qui s'attaquent à des colons qui n'ont absolument rien fait, engendre une montée du mécontentement du côté américain.

Pour les Britanniques, qui sont toujours en possession de terres au nord, notamment autour des Grands Lacs, la présence des Amérindiens est très importante, car elle leur permet de s'assurer d'une zone «tampon» entre eux et leurs anciens ennemis. C'est pourquoi ils continuent à fournir un appui logistique aux Amérindiens en les approvisionnant, depuis leurs forts, en fusils et en biens de première nécessité. En 1786, alors que les États-Unis d'Amérique se structurent encore, certaines tribus amérindiennes se réunissent sous une même bannière pour lutter contre l'ennemi blanc, à travers la Western Indian Confederacy – Confédération occidentale amérindienne. Cette dernière compte des combattants venant de tous horizons et de toutes les tribus, car les Amérindiens n'ont pas de système politique central pour tout gérer, et seuls les chefs de village décident de leur implication ou non dans le conflit. Se côtoient ainsi la Confédération iroquoise, celle des Trois-Feux, des Illinois, ou encore des Wabash, la tribu des Miamis, des Shawnees, des Wyandot, des Kickapoos et bien d'autres encore. Au total, plusieurs milliers de guerriers constituent cette nouvelle puissance qui compte bien résister à l'envahisseur.

En 1789, Henry Knox, un ancien officier de l'armée des États-Unis, devient secrétaire à la Guerre. Il hérite de la situation délicate et doit gérer les relations avec les Amérindiens. Les escarmouches continuent et les relations sont toujours très tendues. En 1790, à travers le premier volet de l'Indian Intercourse Act, Knox impose qu'aucune terre indienne ne puisse être vendue sans l'accord direct des États-Unis. Avec le soutien de George Washington, il en profite pour rappeler que les Indiens sont avant tout les premiers occupants de ces terres, et qu'on ne peut leur ravir celles-ci que dans le cadre d'une guerre en bonne et due forme. Ces déclarations potentiellement rassurantes n'aboutissent cependant pas à un statu quo. Si le gouvernement s'engage à ce que les colons respectent les terres des natifs, il n'en est rien sur place et les Amérindiens lancent plusieurs raids punitifs pour protester contre des expéditions menées sur leur territoire. La situation semble être dans une impasse. D'un côté, les Américains tentent d'occidentaliser les Amérindiens, notamment par l'établissement de traités commerciaux, et de l'autre le rejet des natifs s'accompagne d'un fort désir d'indépendance.

Afin de protéger ses concitoyens, Henry Knox décide alors, toujours avec l'aval de Washington, de mettre en place une expédition contre les Indiens. La tâche est confiée au général Josiah Harmar qui pénètre en octobre 1790 sur le territoire des Shawnees et des Miamis. Son objectif premier est de détruire le village de Kekionga, un emplacement stratégique où se retrouvent les tribus entre deux raids.

Avant toute incursion en territoire ennemi, Harmar veut s'assurer que les Anglais n'interféreront pas dans la bataille. Il prévient alors Fort Détroit – une place tenue par les Britanniques – de ses intentions en précisant qu'il ne vient que pour les Indiens. Marchant avec quelque mille quatre cent cinquante-trois hommes, dont trois cent vingt soldats de l'armée régulière et mille cent trente-trois miliciens venus tout droit du Kentucky et de la Pennsylvanie, le général capture en chemin un Indien de la tribu des Shawnees. Après quelques interrogatoires musclés avec l'infortuné, il apprend que les Indiens les attendent de pied ferme au village. Il ordonne alors au colonel John Hardin de s'adjoindre quelque six cents hommes afin d'accélérer le pas pour prendre les Indiens par surprise.

Mais lorsque ce dernier arrive enfin à destination, le village est vide : les Amérindiens sont déjà partis. Harmar tente à plusieurs reprises de débusquer les natifs dans des villages avoisinants, mais chaque fois, c'est la même désolation et il se contente de les brûler. Pour le général, il semble évident que les Indiens ont été renseignés sur les manœuvres américaines, sûrement grâce aux Anglais.

Le 19 octobre 1790, les troupes du colonel Hardin aperçoivent un cavalier indien, non loin du village de Kekionga. Ayant reçu l'ordre de le poursuivre, près de cent quatre-vingts miliciens et une trentaine de soldats s'engouffrent dans une plaine marécageuse. L'attaque est soudaine et brutale. Le chef Little Turtle et sa centaine de guerriers déferlent de toute part. Les Américains tentent de s'échapper en exhortant l'unité de cavalerie qui les suivait de loin à partir le plus vite possible. Si le colonel Hardin parvient à fuir le champ de bataille, il perd près de 30 % de ses effectifs à pied.

Le 20 octobre 1790, Philip Hartshorn se voit confier par le général Harmar une unité de trois cents hommes. Il est pris en embuscade à quelques kilomètres du village de Kekionga et meurt dans l'escarmouche. Les soldats tombés au combat n'ont même pas le droit à une sépulture, le général fuyant sur plusieurs kilomètres. Le lendemain, le colonel Hardin, pour regagner la confiance du groupe, demande l'autorisation de mener la contre-attaque avec un peu moins de quatre cents hommes. Il repart sur la route et croise, le 22 octobre, une armée de près de mille Indiens, commandée par le fameux Little Turtle. Il envoie immédiatement une unité informer le général en lui demandant des renforts, tandis que les natifs débutent leur attaque des forces américaines. Durant trois heures, les hommes de Hardin attendront des renforts qui ne viendront jamais car Harmar, ayant bien reçu la missive, décide de ne pas les rejoindre et de former une base défensive en prévision de la contre-attaque indienne. Sur les trois cent soixante soldats partis avec le colonel Hardin, deux cent vingt-trois meurent ou sont déclarés disparus, dont quatorze officiers. Dans les rangs de l'armée d'Harmar, rien ne va plus. En plus de passer pour un couard auprès de ses hommes, il est abandonné par certains de ses miliciens qui préfèrent déserter. L'hiver approchant, la retraite est sonnée : la campagne est un échec total.

George Washington est amer. Josiah Harmar passe en cour martiale mais il est innocenté. Les raids indiens continuent et plusieurs massacres sont perpétrés sur les colons au début de l'année 1791. Henry Knox prend alors le taureau par les cornes et décide de frapper fort en mandatant une nouvelle expédition punitive, conduite cette fois-ci par le général Arthur Saint Clair.

Sur le papier, le plan est calibré pour la réussite. Un chef expérimenté à la tête de plus de mille deux cents soldats partant au cœur de l'été pour détruire définitivement le village de Kekionga et ses occupants. Cependant la réalité est tout autre. Les troupes que l'on confie à Saint Clair sont molles, inefficaces, désordonnées et bornées, bref, elles ne sont pas formées. À sa grande surprise, le général s'aperçoit également que le ravitaillement censé être livré pour ses hommes ne suit pas les prévisions et induit de revoir la répartition des denrées. De plus, les miliciens viennent accompagnés de leur famille, ajoutant au convoi exceptionnel quelque deux cent cinquante personnes, dont des femmes et enfants. Ces embarras logistiques pèsent sur le moral de Saint Clair qui prend beaucoup de retard dans le lancement de sa campagne.

C'est finalement en octobre 1791, soit près d'un an après la défaite du général Harmar, que les forces américaines partent en direction du territoire des Miamis. La neige recouvre déjà le sol par endroits et la progression des troupes est plus lente qu'en 1790.

Pendant ce temps-là, Little Turtle rassemble ses troupes. Véritable figure de proue de la Confédération, il mobilise des Cherokees, des Creeks, des Hurons, des Mohawks ou encore des Shawnees avec leur chef Blue Jacket, et celui qui le remplacera par la suite, le jeune Tecumseh. En tout, ce sont plus de mille guerriers qui se faufilent en suivant les pas des Américains.

Pendant des jours, ils harcèlent Saint Clair sans jamais l'attaquer de front. Le moral du général est au plus bas et pour ne rien arranger il tombe malade, affaiblissant au passage son autorité sur ses hommes. Les désertions se multiplient et la maladie, qui ne touche pas que Saint Clair, fait des ravages.

Le matin du 4 novembre 1791, l'armée du général, qui a déjà perdu près de trois cents hommes, est stationnée le long de la rivière Wabash. Des cris s'élèvent tout d'abord du camp des miliciens qui accourent vers les soldats de l'armée régulière sans leurs armes. Les Indiens attaquent en nombre et commencent un abominable massacre. Les forces de Saint Clair se divisent, les chariots sont retournés pour se protéger, un canon est même installé pour faire feu sur l'ennemi, mais sa cadence de tir, beaucoup trop lente, le rend totalement inefficace. Le général tente de rassembler ses troupes mais n'y parvient pas et les Indiens encerclent progressivement les Américains tandis que la mort frappe au hasard.

George[1] *était épuisé. Après quelques dizaines de minutes de combat, il ne restait plus grand monde autour de lui. Cherchant du regard un point de repère, un visage familier vers lequel il pourrait se tourner, il ne tombait que sur des corps hérissés de flèches et sans vie. À ses côtés, un homme aux yeux bleu azur était allongé sur le dos. Il semblait fixer le ciel et les nuages. George regarda son torse dans l'espoir de le voir se soulever au rythme de sa respiration, en vain. Son propre souffle était court; il se demandait si la sensation de l'air dans ses poumons lui serait un jour plus agréable. Au loin, il entendait les cris de l'ennemi.*

— Michikinikwa! Weyapiersenwah[2]!

Des paroles incompréhensibles pour George qui ne parlait pas un traître mot de ces langues algonquiennes[3] *qu'on avait tenté de lui apprendre durant sa formation.*

---

1. Le personnage de George est une référence à George Armstrong Custer, un général de cavalerie qui ne s'illustrera que près d'un siècle plus tard dans la guerre contre les Indiens. Il reste célèbre pour sa défaite face au chef Sitting Bull durant la bataille de Little Bighorn.

2. Les deux mots prononcés par les Amérindiens que George entend au loin, *Michikinikwa* et *Weyapiersenwah*, sont en fait les noms indiens des deux chefs de guerre Little Turtle et Blue Jacket.

3. Il est question de langues algonquiennes dans cette partie fiction. Il est préférable de parler de groupe de langues plutôt que d'une langue en particulier, car si les tribus de la Confédération occidentale amérindienne parlent toutes des langues issues de ce groupe, elles possèdent chacune leur propre dialecte. Ainsi, un Shawnee, bien que proche d'un Kickapoo sur le plan linguistique, ne parle pas exactement la même langue que lui.

— *Merde, se dit-il à voix haute. Il faut vraiment que je me tire de là...*

Serrant son fusil dans ses mains, baïonnette en position d'attaque, il bondit des fourrés pour s'approcher de l'arbre le plus proche. À une centaine de mètres de la rivière, il aperçut une unité faisant feu sur des natifs. Prenant bien soin de regarder autour de lui, il se mit alors en mouvement. Ses pas crissaient dans la neige, si bien qu'il profitait de chaque racine qui dépassait du sol pour prendre appui, de peur d'alerter un guerrier qui passerait non loin. Soixante mètres.

Le bois commençait à se clairsemer. George accéléra le pas, slalomant entre des corps qu'il ne voulait pas identifier.

Quarante mètres.

Plus de choix possible. Ses jambes le propulsèrent aussi rapidement qu'il leur était possible de le faire. Il fallait rejoindre au plus vite les combattants. Cachés derrière un immense tronc probablement arraché par la force des vents, ils semblaient être à court de munitions. Un homme visiblement plus calme que les autres, un sabre à la main, les maintenait en ordre en tonnant de sa puissante voix que George n'arrivait pas encore à saisir.

Vingt mètres.

George reconnut le colonel Drake, une chance qu'il soit encore en vie dans ce chaos. Alors qu'il s'apprêtait à interpeller son supérieur, le sol se déroba sous ses pieds, tandis qu'une vive douleur le *piquait dans l'épaule gauche. Il tomba face contre terre et pendant que sa vue se troublait il entendit la voix du colonel.*

— Sam! Jackson[1]! Allez me chercher Custer! Que tous les autres sortent leur baïonnette, cette fois-ci c'est nous qui allons prendre leur scalp!

George n'entendait déjà presque plus rien quand les deux hommes vinrent le porter pour le mettre à l'abri, une odeur de fer lui imprégnait les narines et ses paupières devinrent lourdes.

— Debout, garçon! s'exclama Drake en lui tapotant la joue. Il ne s'agit pas de claquer maintenant!

George n'eut le temps que d'approuver d'un bref hochement de tête avant de sombrer dans l'inconscience.

La situation semble précaire et le colonel William Drake, dans un élan de désespoir, lance une charge à la baïonnette qui rompt provisoirement les lignes de Little Turtle. Le général, voyant que la tactique peut réussir, renouvelle l'opération avec ses hommes et réussit à gagner quelques minutes qui lui permettent de prendre ses jambes à son cou. Le chef de guerre

---

1. Quant aux deux protagonistes qui viennent chercher un George légèrement affaibli, il s'agit également de deux figures américaines. L'une, Sam, est imaginaire, puisqu'elle fait référence à l'Oncle Sam, inventé par les soldats de l'armée des États-Unis bien des années après cette guerre. Jackson, quant à lui, fait référence au président Andrew Jackson, qui déportera de très nombreux Amérindiens afin de libérer de nouvelles terres pour les colons qui exploiteront l'or qui s'y trouve.

indien décide alors de ne pas poursuivre les soldats, considérant que sa victoire est complète. Les scalps sont prélevés sur les morts et pendant plusieurs jours on brûle vivants des captifs.

Sur les quelque neuf cent vingt hommes qui combattent pour le général Saint Clair ce jour-là, seulement vingt-quatre parviennent à s'en sortir sans dommage. Près de six cent trente-deux soldats sont tués, ainsi que la majorité des deux cents civils qui les suivaient. Les pertes sont absolument énormes et font de la bataille de la Wabash une des plus sanglantes qu'ait connues l'armée américaine dans son histoire. Une défaite d'autant plus humiliante, que la Confédération occidentale amérindienne ne compte que vingt et un morts parmi ses effectifs. Un ratio qui fait froid dans le dos, quand on repense à l'enfer qu'a dû représenter cette bataille pour le général et ses hommes.

Plus que la défaite d'un homme, c'est l'échec de tout un système qui est mis en lumière. Jusque-là, l'armée régulière des États-Unis d'Amérique ne dispose que de quelques milliers d'hommes formés. En cas de conflit, cette armée doit se reposer sur une milice formée spontanément pour l'occasion dans les États concernés et, nous le voyons ici, cela génère des conflits et des problèmes d'intendance. Ce système est remis en question dès 1792 par Henry Knox qui pose les bases d'une armée plus forte, une armée entraînée par une grande figure de la guerre d'Indépendance : le général Anthony Wayne. Pendant deux ans, Wayne forme près de trois mille hommes. Durant l'été 1794, ses troupes marchent vers Kekionga, bien décidées à mettre fin à cette guerre avec les Amérindiens. Si plusieurs escarmouches ne sont pas très favorables aux Américains, la victoire décisive est emportée durant la bataille de Fallen Timbers. Les troupes indiennes sont écrasées et les récoltes de toute la région pillées ou brûlées. Little Turtle perd espoir et décide de se retirer de la Confédération. C'est cette bataille qui marque la fin de ce que l'on appelle communément la guerre amérindienne du Nord-Ouest, et un an plus tard, le traité de Greenville est signé entre Wayne et les natifs. Une grande partie des terres indiennes est cédée aux Américains et plusieurs forts sont construits dans la région pour maintenir la sécurité. Une nouvelle frontière est tracée et les Américains s'engagent à ne pas la franchir. Cependant, comme à leur habitude, les colons ne respectent pas le marché et quelques années plus tard, alors que l'État de l'Ohio est enfin reconnu par les États-Unis, une nouvelle résistance amérindienne pointe le bout de son nez. Une résistance menée par un certain Tecumseh...

Pendant ce temps-là dans le monde...

Après avoir participé à la guerre d'Indépendance des États-Unis, Jean-François de La Pérouse, officier de la marine royale française, est désigné pour mener à bien une grande expédition dans l'océan Pacifique. À la tête de deux frégates, *L'Astrolabe* et *La Boussole*, il doit compléter les découvertes de l'Anglais James Cook. Après être parti du port de Brest le 1er août 1785, il longe la côte brésilienne, passe par le cap Horn et découvre de nombreuses eaux au large du Japon, de la Chine et de la Russie. Malheureusement, un violent cyclone emporte les deux navires qui disparaissent dans les flots en 1788. Plusieurs expéditions sont envoyées pour retrouver la trace de l'explorateur et de ses hommes. Si quelques éléments des bateaux sont ainsi découverts au gré des recherches, les épaves sont retrouvées bien plus tard, en 1827 pour *L'Astrolabe* et en 1964 pour *La Boussole*.

À la fin du XVIIIe siècle, la république des Deux Nations, qui regroupe les territoires de la Pologne et de la Lituanie, est confrontée à une grave crise interne. Cette république parlementaire est basée sur un principe d'égalité entre les nobles du pays, un principe poussé à l'extrême qui induit que pendant une séance au Parlement une seule voix suffit pour bloquer une mesure et la reporter. Ce *liberum veto* paralyse totalement le pays et le rend très vulnérable dans un contexte international tendu. La Russie en profite donc, avec la Prusse et l'Autriche, pour annexer en 1772 près de 30 % du territoire de la république. Ce premier «partage» du pays n'est pas sans suite et la Russie, usant de manœuvres diplomatiques, parvient de nouveau à annexer une partie du territoire en 1793. Le peuple polonais, bien conscient de cette invasion diplomatique lente mais bien réelle, se révolte en 1794, conduit par Tadeusz Kościuszko, un officier polonais. Le 4 novembre, l'armée insurrectionnelle rencontre l'armée russe à la bataille de Praga. Les Polonais sont massacrés, pour ne pas dire exterminés, et la Russie, ainsi que ses alliés, renforce définitivement son influence sur la région. Le 3 janvier 1795, un troisième partage de la Pologne vient porter le coup de grâce à la république des Deux Nations, son roi Stanislas II abdique quelques mois plus tard. Le pays rongé par les nations voisines disparaît de la carte.

En 1766, Haidar Alî, le Premier ministre du royaume de Mysore, dans le sud de l'Inde, prend le pouvoir après la mort du Krishnarâja Wodeyâr. En 1767, le royaume connaît une incroyable expansion qui incite Haidar Alî à entreprendre la conquête des territoires voisins. La première guerre de Mysore éclate lorsque ses troupes, dirigées par son fils Tipû Sâhib, envahissent Madras, un des premiers postes avancés des Britanniques en Inde. Mysore étant allié à la France, les Anglais renforcent leurs actions contre le royaume afin de limiter la puissance française dans la région. C'est ainsi près de quatre guerres de Mysore qui s'étalent sur la seconde moitié du XVIIIe siècle. En 1799, Tipû Sâhib, qui a pris la succession de son père, meurt dans l'assaut de son palais par les Britanniques. Ces derniers remettent sur le trône la dynastie des Wodeyâr, qui leur est bien plus favorable.

11
Le port du Helder au fil de l'eau

La Révolution française ? 1789 !

Si la simple évocation de cet épisode important de l'histoire française provoque chez nous l'irrésistible envie de hurler cette date symbolique, il faut pourtant bien se rendre à l'évidence : la Révolution française ne s'est pas faite en un jour !

En 1789, de très nombreuses tensions pèsent sur la couronne de France. La situation économique, sociale et institutionnelle est au plus bas, le pays en crise, alors que le peuple et les bourgeois grondent. Le 5 mai 1789, le roi Louis XVI convoque les états généraux, une réunion de la noblesse, du clergé et du tiers état, afin de lever de nouveaux impôts. Le tiers état représente la très grande majorité des Français mais n'a pas plus de pouvoir que la noblesse ou le clergé, l'occasion est donc saisie par les représentants du peuple de remettre en question ce modèle de représentation de la société. Rapidement, les frondeurs constituent une assemblée nationale, que le roi n'accepte pas. C'est le premier pas vers une révolution de grande envergure qui changera le visage de la France pour des centaines d'années. Une partie des privilèges de la noblesse, ainsi que les droits féodaux, sont abolis. La Déclaration universelle des droits de l'homme et du citoyen est votée le 26 août 1789. L'Assemblée nationale constituante prépare une nouvelle Constitution et si l'objectif au début de la Révolution n'est pas d'écarter totalement le pouvoir monarchique, c'est bien la direction que prennent les événements...

Le 14 juillet 1790, la fête de la Fédération bat son plein, les Parisiens se rassemblent devant les députés et le roi, qui jure devant tous de respecter la future Constitution et les lois qui en découlent. La situation semble s'être considérablement améliorée, mais le roi reste en proie à des pressions populaires, tandis que sa famille est toujours retenue au palais des Tuileries. Louis XVI prend alors une décision qui entame considérablement sa crédibilité et précipite sa chute. Dans la nuit du 20 au 21 juin 1791, la famille royale s'échappe discrètement de Paris à bord d'une berline, direction l'est du pays, pour trouver l'appui du marquis de Bouillé et le confort d'une armée favorable à la monarchie. Malheureusement pour Louis, il est arrêté en cours de route, dans la ville de Varennes, et ramené aussitôt à Paris.

Cette fuite vers des horizons plus cléments renforce immédiatement la méfiance des députés et du peuple envers le roi. Si ce dernier argue qu'il voulait juste protéger sa famille, d'autres y voient une tentative pour renouer des contacts avec les monarchies européennes, ce qui pourrait amener le roi à lancer une offensive contre les révolutionnaires pour reprendre le pouvoir sur le pays.

Le roi est de plus en plus isolé, certains proches lui conseillent d'accepter définitivement la nouvelle Constitution afin de sauver sa vie et celle de son épouse. Léopold II, l'empereur du Saint-Empire et frère de Marie-Antoinette, appelle en août 1791 les monarques d'Europe à apporter une réponse ferme aux révolutionnaires et un soutien sans faille au roi de France. Cette pression soudaine des pays entourant la France fragilise un peu plus la monarchie française, tandis que certains républicains se radicalisent, souhaitant même se passer du roi.

À la suite de cette crise, Louis XVI reste malgré tout officiellement à la tête de l'État. Les discussions entre les forces en présence aboutissent le 4 septembre 1791 à la création d'une monarchie constitutionnelle. Une première en France qui voit l'exercice du pouvoir partagé entre le roi, ses ministres et l'Assemblée nationale législative. Une relation de dialogue doit ainsi pouvoir se construire afin que le pays prospère.

Cependant plusieurs ombres viennent ternir ce tableau. D'un côté, le roi peut user et abuser d'un droit de veto qui agace ; de l'autre, l'Assemblée se divise entre ceux qui considèrent que la révolution est arrivée à son terme et les autres. La France s'affaiblit, le pouvoir du roi également, tandis que son regard se porte sur l'aide que seraient en mesure de lui fournir les princes étrangers.

Des nobles du royaume ont fui vers les Pays-Bas autrichiens, qui s'étendent sur le Luxembourg et la Belgique actuelle, et forment une véritable armée au soutien du roi. Cette menace, couplée à l'ultimatum que pose Léopold II quelques mois plus tôt, entraîne la France dans une longue série de conflits. Les députés de l'Assemblée votent pour la guerre, et Louis XVI y est également favorable car il sait, comble de l'ironie, que l'armée française est faible. Si elle perd face au Saint-Empire, le roi espère ainsi restaurer sa puissance.

Le 20 avril 1792, la France déclare la guerre à l'Autriche, les forces françaises marchent vers l'ennemi. L'Autriche, rejointe par la Prusse, rassemble ses troupes et leur barre le passage. Sous-équipés, désordonnés et en sous-effectif, les Français reculent avant même d'avoir combattu. Pour avoir ordonné la retraite et suivi les ordres de son supérieur, le général Theobald de Dillon est accusé de traîtrise par ses propres hommes qui ne tardent pas à l'assassiner. La confusion est telle dans les rangs mêmes de l'armée tricolore que tout assaut est condamné à échouer. Les forces du Saint-Empire entrent ainsi « tranquillement » sur le territoire français, commençant leur invasion.

L'Assemblée lance alors un appel au peuple afin de constituer au plus vite une armée de résistance à l'envahisseur. Le 25 juillet, le manifeste de Brunswick, censé entamer le moral des Français, est porté par l'armée prussienne à destination du peuple parisien. Il condamne les révolutionnaires et toutes les agressions allant à l'encontre du roi Louis XVI. Il affirme même que les forces d'invasion ont pour but principal de restaurer la monarchie et l'autorité du roi français.

Or, loin de calmer les ardeurs de la population parisienne et de pousser celle-ci dans ses retranchements, ce texte renforce la haine qui sévit à l'encontre Louis XVI. Dans la capitale, l'insurrection se prépare : le roi doit définitivement être écarté du trône.

Le 10 août, le palais des Tuileries est attaqué par la population, le roi trouve refuge à l'Assemblée, puis est transféré avec sa famille à la maison du Temple. Il est suspendu de l'exercice du pouvoir et une Convention nationale est convoquée afin de déterminer l'avenir du pays.

Après la capture des forts de Longwy et Verdun par les forces d'invasion, un sursaut de l'armée française permet d'arrêter la progression des Autrichiens lors de la bataille de Valmy, le 20 septembre 1792. Cette victoire est très importante sur le plan politique, elle permet aux révolutionnaires d'acquérir une réelle légitimité à gouverner, car ils sont désormais capables de défendre le pays. Les Autrichiens sont ainsi repoussés hors des frontières françaises et, dès le lendemain, le gouvernement de la Convention nationale est nommé après la première élection au suffrage universel. La Ire République est ainsi proclamée tandis que la monarchie est abolie.

La Convention nationale fraîchement élue, il ne faut cependant pas croire que la France reste repliée sur elle-même durant cette période. Loin de ne se concentrer que sur leurs propres affaires, les révolutionnaires cherchent en effet à propager leur révolution dans les pays voisins. Dès la victoire de Valmy, les troupes françaises commencent ainsi à pousser leur initiative au-delà des frontières du pays. La France annexe ainsi la Savoie et le comté de Nice, puis poursuit sa percée à l'est en repoussant les forces du Saint-Empire jusqu'au Rhin.

Quand Louis XVI est guillotiné, le 21 janvier 1793 – sa femme Marie-Antoinette subira le même sort le 16 octobre suivant –, l'hostilité des monarchies européennes reprend de plus belle et se concrétise sous la forme d'une coalition contre la France. L'Espagne, mais aussi le Portugal, les Provinces-Unies – l'équivalent des Pays-Bas – et la Grande-Bretagne se liguent contre la Convention et ses visées expansionnistes. Une force unie considérable qui met le pays dans une situation délicate, d'autant qu'en Vendée éclate la même année une rébellion qui souhaite le retour de la monarchie et agite tout l'ouest du pays. Dans le Sud, les forces françaises franchissent la frontière afin de prendre l'initiative sur les Espagnols mais ils subissent une contre-attaque de grande envergure qui entraîne l'occupation de tous les postes défensifs de la région du Roussillon. Des navires sont envoyés par l'Espagne et la Grande-Bretagne à Toulon, qui prennent la ville avec l'aide des royalistes tandis que les Piémontais – nord-ouest de l'Italie –, franchissent les Alpes pour s'emparer de la Provence. Dans le nord, la situation n'est pas plus enviable, la Hollande, la Grande-Bretagne et l'Autriche envahissent la Flandre tandis que les Prussiens attaquent l'Alsace.

La situation semble catastrophique et la Convention lève une nouvelle armée populaire pour contrer cette offensive massive sur le pays. La politique militaire de la France est révisée et de nouveaux chefs militaires prennent la place des anciens. Elle instaure également le régime de la terreur pour faire régner l'ordre et réduire les opposants politiques au silence.

Dans le Sud, le jeune capitaine Napoléon Bonaparte réussit à imposer son plan à ses supérieurs afin de reprendre la ville de Toulon. La manœuvre est un succès, lui assurant le début d'une carrière fulgurante. Le général Dugommier, quant à lui, réussit à regrouper ses troupes et à reprendre les places fortes perdues sur le front pyrénéen. En Alsace, les troupes françaises stoppent l'avancée prussienne, tandis qu'en Flandre le succès est beaucoup plus mesuré. De façon globale, le retournement de situation est bien là, les Français récupèrent leurs territoires et consolident leur puissance tandis que la coalition souffre de la désorganisation et du manque de confiance de certains

États membres. L'armée française se concentre dès lors sur le front nord-est et tente de créer une percée dans l'actuelle Belgique.

Alors que les troupes assiègent la ville de Charleroi le 18 juin 1794, l'Autriche lance une attaque générale sur les soldats français quelques jours plus tard. Pour la première fois un ballon des frères Montgolfier sert en temps de guerre. Il indique à l'état-major français les positions de l'ennemi avec précision. Malgré la hargne des Autrichiens, la bataille de Fleurus est une grande victoire française. Les Autrichiens sont coupés de leurs positions stratégiques et l'armée républicaine peut continuer sa progression. Ostende puis Bruxelles tombent entre ses mains. En peu de temps, c'est tous les Pays-Bas d'Autriche qui sont conquis par la France. La Prusse est alors la première à manifester des réticences sur la poursuite des hostilités envers la France au sein de la coalition. Pendant ce temps-là, l'Espagne, ne brillant pas par ses succès militaires, est repoussée hors du territoire. Dans le Sud-Est, la situation reste stable avec l'Italie, quelques victoires permettent aux forces françaises de progresser.

La Grande-Bretagne, la Hollande et l'Autriche restent les seuls véritables adversaires de la France. L'armée française est alors divisée en deux : le général Jourdan reçoit l'ordre de continuer son offensive sur les forces autrichiennes et le général Pichegru doit quant à lui poursuivre vers le nord afin d'envahir la Hollande qui sert de base aux Anglais.

La Hollande représente pour Pichegru un challenge de taille. Le pays est parcouru par de nombreuses rivières et les ponts qui lui permettront de progresser sont bien gardés. Paradoxalement, c'est un hiver particulièrement rude et précoce qui vient à son secours. Le froid est si intense qu'il gèle les eaux et permet au général de franchir la Meuse avec chevaux et artillerie. Les troupes françaises progressent rapidement, elles surprennent autant les armées hollandaises que les villes où stationnent les Anglais, qui fuient précipitamment vers la Grande-Bretagne. La ferveur républicaine gagne du terrain dans le pays, une partie de la population, qui avait tenté de se soulever contre la monarchie quelques années plus tôt, profite de l'invasion française pour reprendre le contrôle de plusieurs villes. Guillaume V d'Orange-Nassau, qui dirige jusque-là le pays, s'exile en Grande-Bretagne. L'armée de Pichegru se prépare à passer l'hiver dans Amsterdam, tandis que la République batave est proclamée le 19 janvier 1795. Une république qui couvre une grande partie du territoire des Pays-Bas et qui est complètement sous la tutelle française.

C'est dans ce contexte particulier que prend place une des «batailles» les plus improbables de l'Histoire : la bataille du Helder.

Le froid, toujours omniprésent, ne se contente pas de geler les plaines et les cours d'eau du pays, les côtes sont également figées, formant une véritable extension du continent. Le 20 janvier 1795, le général Pichegru apprend que le port du Helder, situé plusieurs dizaines de kilomètres au nord d'Amsterdam, est lui aussi victime de cet assaut hivernal. Mieux que ça, il semble que la flotte hollandaise et les navires marchands qui l'accompagnent soient pris dans les glaces entre le port du Helder et l'île du Texel.

Immédiatement, Pichegru envoie le général Winter, un Hollandais révolutionnaire au service de la France depuis 1787, en direction du port. Sa mission est claire, empêcher par tous les moyens cette flotte de pouvoir regagner le port du Helder. Après avoir capturé la ville de Haarlem, il confie un escadron de hussards et de tirailleurs au commandant Lahure, qui arrive en vue de la flotte. Caché par des dunes, il aperçoit au loin quatorze navires de guerre, immobiles et silencieux, complètement bloqués par la glace. Celle-ci semble suffisamment solide pour supporter le poids des hussards et de leurs montures. Lahure décide alors, plan audacieux, de lancer l'assaut sur les bateaux et de tenter leur capture.

Les hussards préparent leurs chevaux et leurs sabots sont enveloppés avec le tissu que l'on trouve. Cela permet d'atténuer les bruits de la cavalerie et de minimiser les dérapages sur la surface quelque peu glissante de l'eau gelée. L'escadron de hussards au complet, prêt à partir, est rejoint par les tirailleurs. Chaque monture accueille alors deux soldats, un hussard qui la guide et un tirailleur qui se positionne sur sa croupe. Lentement, les troupes frigorifiées avancent vers la flotte hollandaise. Encerclés progressivement, les marins hollandais ne s'aperçoivent que trop tard de la manœuvre et restent impuissants face à ce coup de force. Les tirailleurs grimpent sur les premiers navires tandis qu'aux alentours les autres vaisseaux de guerre ne peuvent que constater les dégâts. Leurs canons sont inutilisables, car la plupart des embarcations sont figées dans une position inclinée, si bien que leur artillerie pointe soit vers le ciel, soit directement vers l'eau gelée de la mer. Le commandant Lahure, voulant éviter de verser le sang inutilement, pose un ultimatum aux marins de la flotte.

Lahure, toujours sur son cheval, faisait face à l'immense navire. Alors que quelques marins passaient leur tête par-dessus bord pour apercevoir le commandant, les soldats français commençaient à escalader le bastingage, le sabre entre les dents. L'Admiraal De Ruyter devait peser plus de mille tonnes. C'était un beau navire, cela ne faisait aucun doute. Le froid paralysait les mains de Lahure[1], toujours cramponné à la bride de sa monture qui crachait des flots de fumée par ses naseaux. Il s'éclaircit la gorge et interpella les hommes qui le dévisageaient.

---

1. Le froid très intense représente ici un danger au moins aussi important que la présence hollandaise. Les troupes françaises, dans un piteux état, sont trop souvent sous-équipées pour y faire face. Plusieurs hommes tombent de leur monture, frigorifiés, mais aucune perte n'est cependant à déplorer.

— *Je suis le commandant Louis Joseph Lahure,
mandaté par le général Winter. Au nom de la
République française et de ses armées, je vous somme
de me remettre votre chef, l'amiral Reyntjes!*

*À l'évocation de ce dernier, un homme s'éclipsa
du pont, sans doute pour aller chercher son supérieur. Lahure jeta un œil aux alentours, les hussards
se déployaient autour de chaque bâtiment afin de les
sécuriser. Cependant un détail attira son attention
vers l'ouest. Un navire semblait se mettre lentement
en mouvement[1].*

— *Impossible! lâcha-t-il sans vraiment s'en rendre
compte.*

*L'amiral Reyntjes venait d'apparaître sur le pont.
Lahure n'y prêta pas attention et talonna sa monture
en direction du navire récalcitrant.*

— *Soldats! À moi! Ils tentent de s'enfuir!*

*Suivi par plusieurs dizaines de hussards s'élançant
à ses côtés, l'amiral regardait avec étonnement ce
détachement partir sans même prendre acte de sa
présence. Les tirailleurs maintenaient en respect les
Hollandais, tandis que les troupes de Lahure se rapprochaient du vaisseau en fuite.*

*Le commandant ne pouvait galoper sur la glace,
ce trottinement l'agaçait au plus haut point. Il fallait*

---

1. Si un navire anglais tente effectivement de s'échapper
durant l'assaut, la méthode de construction du chenal n'est que
pure fiction. Néanmoins, il semblerait que celui-ci ait été quasiment achevé quand les troupes françaises se sont engagées. La
fuite du bâtiment est ainsi évitée de justesse.

à tout prix qu'il puisse rattraper ce navire. Le commandant repéra un groupement d'hommes devant le bâtiment. Équipés de pioches, ils fragilisaient la glace avant que le navire ne vienne la briser avec sa coque.

Plus qu'une centaine de mètres et les hussards seraient sur eux[1].

— Stop! Rendez-vous!

Les marins, rouges d'effort, finirent par se rendre à l'évidence. Ils n'arriveraient jamais à dégager une voie de sortie à temps pour délivrer le bâtiment. Pas un seul coup de feu ne fut tiré. Chacun savait qu'il était inutile d'engager les hostilités dans la situation actuelle. Les Hollandais à terre jetèrent leurs pioches, pendant que les marins encore sur le navire levaient leurs mains en évidence au-dessus de leurs épaules.

*Lahure était à bout de souffle, lui aussi. Tandis que ses compagnons ramenaient les forces ennemies vers l'*Admiraal De Ruyter, *il prit soudain conscience qu'il était au beau milieu d'un bras de mer, assis, sur son cheval. Étrange sensation qui ne rendait cette victoire que davantage grisante...*

---

1. Depuis l'approche par la côte jusqu'à la traque du navire récalcitrant, aucun échange de tir ne sera constaté durant l'assaut.

Les quatorze navires, des centaines d'hommes et quelque huit cent cinquante canons sont ainsi capturés lors de la reddition des Hollandais, le 23 janvier 1795. Ils sont revendus quelque temps plus tard à la République batave pour 100 millions de florins. Ironie de l'histoire, la plupart des vaisseaux seront capturés à nouveau, en 1799, par la flotte anglaise.

Loin de constituer une grande victoire stratégique et militaire, cette capture de la flotte hollandaise au Helder reste un cas absolument unique qui, aujourd'hui, prête encore à l'étonnement. Elle vaut d'ailleurs une belle réputation au général Winter et à ses hommes, ainsi qu'au général en chef Pichegru... avant que celui-ci ne trahisse la République en s'alliant aux monarchistes.

Le 26 octobre 1795, la Convention est remplacée par le Directoire, alors que la Terreur s'est éteinte depuis bientôt un an, après la décapitation de Maximilien de Robespierre. Les conflits ne cessent cependant pas pour autant et le nouveau régime est sous la menace de complots monarchistes, puis jacobins qui veulent aller toujours plus loin dans l'accomplissement des idéaux de la Révolution.

Sur la scène internationale, les affrontements sont également loin d'être finis et permettent à certaines personnalités politiques d'émerger. C'est le cas de Napoléon Bonaparte, désormais général, qui envahit une partie de l'Italie en 1796 afin de remonter vers l'Autriche. Cette percée donne d'ailleurs naissance à de nombreuses républiques dans le nord de l'Italie qui, pour certaines, prêtent allégeance à la France. La pression sur l'Autriche étant trop forte, le traité de Campo-Formio en 1797 la force à quitter la coalition. Désormais la Grande-Bretagne est seule contre la France mais refuse d'abandonner.

Une seconde coalition se fonde pourtant bientôt contre la France lorsque Napoléon envahit l'Égypte afin de couper les routes commerciales des Britanniques. L'Empire ottoman et la Russie rejoignent la Grande-Bretagne en 1798. Bonaparte gagne de plus en plus en influence et, après être rentré en France, organise un coup d'État, le 9 novembre 1799, qui met fin au Directoire.

Le régime autoritaire du Consulat est en place, Bonaparte devient Premier consul et une nouvelle ère commence. Une période qui pose les prémices du futur empire de Napoléon Ier...

Pendant ce temps-là dans le monde...

En 1788, le Tibet est envahi par ses voisins népalais, les Gurkhas. Sans rencontrer de résistance à la hauteur, ils s'enfoncent dans les terres et provoquent la fuite du leader spirituel Palden Tenpai Nyima. Ce dernier demande alors l'aide de la Chine afin de préserver son territoire et l'empereur Qianlong, chef de la dynastie des Qing, repousse rapidement les envahisseurs. En 1791, les Gurkhas retentent une offensive sur le Tibet. Le même scénario se répète une nouvelle fois et si la résistance des troupes népalaises est plus concrète, ils sont chassés du territoire en 1793. La Chine, en position de force, impose ainsi la présence d'un officiel chinois au Tibet après avoir libéré le pays. Si la conséquence directe de cette présence n'est pas flagrante, elle présage des ingérences de la Chine sur le Tibet et de leurs nombreux conflits.

Dans la nuit du 21 au 22 août 1791, dans la partie nord de l'île de Saint-Domingue, une révolte d'esclaves éclate violemment. Des centaines de plantations de sucre et de café sont incendiées et près de mille Blancs sont massacrés par les rebelles. Le chef du soulèvement, Dutty Boukman, est capturé, puis exécuté pour l'exemple. Cependant c'est le début d'un mouvement insurrectionnel fort et d'autres hommes prennent la suite de Boukman. Parmi eux, Toussaint de Breda, un ancien esclave affranchi qui possède sa propre exploitation. À cette époque, l'île est partagée entre la France, dont Saint-Domingue est une colonie, et l'Espagne, qui tient l'est du pays. Toussaint et ses hommes se joignent à l'Espagne afin de lutter contre les colons français et l'homme se forge rapidement une réputation. Toussaint de Breda devient ainsi Toussaint Louverture, un leader charismatique et respecté qui « ouvre » facilement des brèches dans les rangs ennemis. En 1794, il trahit l'Espagne et se rallie à la France qui prend le chemin de l'abolition de l'esclavage. Après avoir repoussé ses anciens alliés, il est nommé général par le régime de la Convention et assoit son pouvoir sur l'île. En 1801, il proclame l'auto-nomie de Saint-Domingue et prend le pouvoir « à vie », ce qui provoque le fort mécontentement de la France et l'envoi par Napoléon de nombreuses troupes pour réprimer la révolte. Toussaint Louverture est capturé, puis déporté en France, où il meurt en 1803. Il ne verra jamais la concréti-sation de la lutte qu'il menait alors : l'aboutissement de la

NOTA BENE

révolte et la proclamation, le 1ᵉʳ janvier 1804, de la
République d'Haïti, première république noire du monde.

À la fin du XVIIIᵉ siècle, les relations sont particulièrement
tendues sur le territoire perse. Mohammad Karim Khân, le
dirigeant du pays, meurt en 1779. Sa succession
déclenche une guerre civile et la dynastie des Zand, au
pouvoir depuis 1750, se déchire pour savoir quel membre
de la famille gouvernera. En dix ans, c'est près de huit souverains qui se succèdent et, en 1789, c'est finalement Lotf
Ali Khân qui hérite d'un royaume profondément divisé. Le
chef d'une tribu du nord de l'Iran, Agha Mohammad Shah,
mène une rébellion pour renverser définitivement la dynastie au pouvoir. En 1794, après six longs mois de siège de
la ville de Kerman, le chef rebelle pénètre au sein de la
ville et capture Lotf Ali Khân. Il lui crève les yeux pour le
punir de sa résistance et le torture jusqu'à la mort ! Il s'empare ainsi du trône et instaure la dynastie des Kadjars qui
règne sur le pays pendant près d'un siècle et demi.

TACTIQUE ZOULOUE

22 JANVIER 1879

BRITANNIQUES

RÉSERVE

JEUNES GUERRIERS

SOLDATS AGUERRIS

12

Isandhlwana, lances contre fusils

À la fin du XVe siècle, le véritable boom de la conquête maritime et de l'exploration permet de découvrir de nombreux territoires. Si la conquête de l'Amérique est l'épisode le plus souvent abordé lorsque l'on pense à cette période, l'Afrique n'est pas en reste et des expéditions sont montées pour y établir de nouvelles voies commerciales. Le symbole de ces voyages périlleux reste dans nos mémoires le franchissement par l'explorateur Vasco de Gama du cap de Bonne-Espérance, situé à l'extrême sud de l'Afrique, en 1497. Les Portugais, alors maîtres des côtes africaines, construisent de nombreux avant-postes pour sécuriser les trajets des navires. Une entreprise difficile et dangereuse car les peuples déjà présents sur le continent sont bien souvent hostiles au débarquement de ces étrangers. Cependant, ces derniers se concentrent sur les côtes est et ouest de l'Afrique, et c'est finalement les

Hollandais qui les premiers s'installent au sud en construisant un fort au Cap, au milieu du XVIIe siècle. Les populations locales, divisées en tribus, leur réservent tout d'abord un bon accueil, entamant même des relations commerciales avec eux. Mais l'établissement durable des colons néerlandais et donc l'accaparement de terres agricoles qui appartenaient aux tribus provoquent des tensions qui rapidement dégénèrent en conflits. La tribu des Khoïkhoïs est ainsi violemment réprimée et réduite en esclavage. Pendant près de cent ans, la colonie du Cap se développe. Les colons, aussi appelés les Boers, sont de plus en plus nombreux et les frontières de la ville perpétuellement repoussées.

Au début du XIXe siècle, des conflits éclatent entre les Néerlandais et les Anglais, la puissance des Pays-Bas s'atténue et l'Angleterre prend possession de la colonie du Cap. Dès lors, des milliers de nouveaux colons investissent la région et les Boers sont rattachés à la Couronne anglaise. Ces derniers veulent se dégager de la tutelle de la Grande-Bretagne et s'installent toujours plus loin dans les terres, provoquant à leur tour des tensions, voire des affrontements, avec les populations locales.

C'est dans ce contexte que naît le royaume zoulou, qui n'est au départ qu'une tribu d'Afrique du Sud comme les autres. Dirigés par leur chef, Senzangakhona kaJama, les Zoulous ne comptent que quelques milliers d'hommes et sont loin de dominer les autres tribus rivales. Ils sont d'ailleurs eux-mêmes sous la domination de la tribu des Mthethwas, chez qui un des fils de Senzangakhona, le jeune Chaka, se réfugie quand son père le bannit.

Sous la tutelle du chef des Mthethwas, Dyngiswayo, Chaka apprend l'art de la guerre et devient une des figures emblématiques de la tribu. Lorsque son père meurt en 1816, il retourne en territoire zoulou avec pour ferme intention de reprendre le pouvoir. Une bataille s'engage et son demi-frère, qui avait pris la tête des guerriers zoulous, décède, laissant de fait Chaka à la tête de sa tribu. Peu de temps après, Dyngiswayo meurt à son tour dans une querelle contre un chef voisin. Les Mthethwas se tournent alors vers Chaka, qui réunit les deux tribus dans une alliance qui marque le début du royaume zoulou.

À la tête de forces considérables, il part à la conquête du territoire des Ndwandwes, qui ont tué Dyngiswayo, et met en fuite les restes de leur armée. Dans la région, les Zoulous provoquent un véritable séisme politique et militaire. Ils font plier les tribus adverses et, lorsque la victoire est remportée, ils intègrent le vaincu au royaume.

Durant cette conquête, de nombreuses familles fuient vers le nord et forment de nouveaux ensembles, loin de l'influence des Zoulous. C'est un des grands mouvements migratoires de l'époque, plus connu sous le nom de *Mfecane*. De ce fait, en quelques années seulement, l'Empire zoulou s'étend de façon exponentielle, atteignant une superficie d'environ trente mille kilomètres carrés, soit près de trois fois la taille de l'Île-de-France !

La prouesse de Chaka n'est possible que par la réorganisation de la société zouloue autour de son armée très forte et organisée, que l'on appelle l'*impi*. Les jeunes hommes d'une quinzaine d'années sont ainsi rassemblés tous les cinq ans environ afin de les former à l'art de la guerre. Après une année de formation, ils forment ensemble un nouveau village, un *kraal*, dans lequel ils perfectionnent leur entraînement.

Quelques années plus tard, ils sont ainsi intégrés aux régiments de l'armée et viennent renforcer la puissance militaire zouloue. Cette formation militaire, très complète, prend une place tellement importante dans la société qu'il est interdit pour les jeunes hommes n'ayant jamais combattu de se marier !

Chaka décide également de revoir l'équipement militaire de ses troupes afin de les rendre plus mobiles et agressives. Il impose ainsi une nouvelle lance, utilisable exclusivement au corps à corps – si la lance est jetée, le soldat risque la peine de mort –, développe un nouveau bouclier et supprime toute protection corporelle. Ainsi les guerriers zoulous sont presque nus et se déplacent sans chaussures !

Cette expansion incroyable du territoire zoulou est freinée, en 1828, par l'assassinat de Chaka par son demi-frère Dingane, qui cherche à stabiliser sa position avant d'entreprendre quoi que ce soit.

C'est durant cette période que les Britanniques tentent d'imposer leur vision des choses aux colons du Cap en proclamant l'égalité entre tous, peu importe la «race», et l'abolition de l'esclavage, avec pour objectif de calmer les tensions dans la région et de faire prospérer l'économie. Les Boers, qui forment une communauté distincte au sein des Afrikaners, – les hommes blancs vivant au Cap – supportent difficilement ces nouvelles directives qui ne correspondent pas à leur idéologie. Afin de manifester leur mécontentement, ils partent du Cap et prennent le chemin de l'est pour s'installer sur de nouvelles terres. Ce mouvement de population très important est qualifié dans l'histoire de «Grand Trek» et manifeste l'intention des Boers d'acquérir une nouvelle indépendance vis-à-vis de la Couronne britannique.

Cette conquête de l'est ne se fait cependant pas sans heurts, car ces terres, relativement fertiles, sont proches de la nation zouloue, qui voit l'arrivée de ces étrangers d'un mauvais œil. Les affrontements s'engagent, et les Boers, déjà mal en point, souffrent de maladies comme la malaria.

La situation est précaire et Piet Retief, un des chefs boers, décide d'aller à la rencontre du nouveau chef zoulou afin de négocier la paix. En 1838, au cours d'un banquet censé renforcer les relations entre Boers et Zoulous, Dingane donne l'ordre d'abattre Piet Retief et ses hommes. Ce massacre est une action préventive pour Dingane qui voit dans la puissance militaire des Boers un danger. Il poursuit donc son action en lançant ses troupes contre les Boers installés dans la région et multiplie les massacres.

Le 16 décembre 1838, les Zoulous subissent, en revanche, une lourde défaite face au Boers qui, acculés près de la rivière Ncome, se protègent des féroces guerriers en formant un grand cercle avec leurs chars à bœufs. Plusieurs milliers de Zoulous meurent sous les balles tandis que les Boers ne comptent que des blessés. Cette victoire permet aux colons de sécuriser leur position et de proclamer la République de Natalia – du nom de la région du Natal –, tandis que Dingane est en fuite. Avec l'aide des Boers, Mpande, le demi-frère du chef zoulou, assassine Dingane en 1840, reprend la tribu en main et maintient la paix avec les nouveaux venus.

Lorsque la guerre éclate entre les Britanniques et les Boers, ces derniers se rendent rapidement car ils n'ont pas les moyens de combattre une telle armée. En 1842, la jeune république de Natalia est donc annexée par la Grande-Bretagne, tandis que certains Boers quittent le territoire pour fonder, dix ans plus tard, deux nouvelles républiques indépendantes, la République sud-africaine et l'État libre d'Orange. Soucieux de préserver de bonnes relations, Mpande maintient son soutien à la région et à la Couronne.

Cependant quelques soucis viennent porter préjudice à cette paix nouvelle. Les fils de Mpande s'affrontent pour la succession et Cetshwayo, un des deux frères, remporte en 1856 une bataille décisive qui voit la mort de son cadet. Cetshwayo prend le dessus sur son père et gouverne dans l'ombre jusqu'à son avènement en 1872 lorsque Mpande meurt.

Durant cette période et à partir des années 1860, quelques conflits viennent secouer la frontière entre le royaume zoulou et les possessions britanniques car ils n'arrivent pas à s'entendre sur les accords qu'ils ont pu signer auparavant. Si les prétentions des Zoulous peuvent paraître prévisibles, les Britanniques projettent néanmoins un plan beaucoup plus audacieux pour la région.

En effet, la Grande-Bretagne, alors en pleine expansion coloniale, veut fédérer toutes les populations d'Afrique du Sud, les tribus locales, les colons anglais et les républiques indépendantes boers afin de stabiliser son empire dans la région. De plus, un incroyable réseau minier d'or et de diamants est découvert en 1867 dans la région du Cap. Le contrôle total de ce territoire pourrait dès lors remplir grassement les caisses de la Couronne britannique. Ces mines auraient en revanche grand besoin de main-d'œuvre pour fonctionner. Une main-d'œuvre noire qu'il est compliqué de rassembler pour l'heure à cause des troubles provoqués par certaines tribus, comme celle des Zoulous, attachée à son indépendance.

En 1877, le secrétaire d'État aux Colonies britanniques, Henry Herbert, 4e comte de Carnarvon, veut mettre en place son projet de confédération dans la région. Il envoie sur place un haut-commissaire,

Henry Bartle Frere. En peu de temps, ce dernier annexe la République sud-africaine et provoque un affrontement avec une des tribus importantes de la région, les Xhosas, qui sont défaits en 1878.

Néanmoins la politique très agressive de Bartle Frere suscite des levées de boucliers au sein du gouvernement du Cap, qui voit ici son travail de médiation dans la région foulé par la violence de la guerre. Afin d'avoir les mains libres, Bartle Frere fait pression sur le pouvoir britannique pour faire déposer le gouvernement du Cap. Si le secrétaire d'État Carnarvon accède finalement à sa requête, il démissionne pourtant dès le lendemain, bien que son successeur soit sur la même longueur d'onde : il pense aussi qu'il est impossible de concrétiser ce projet de confédération et choisit donc de l'abandonner. Une réorientation politique qui ne semble pas émouvoir outre mesure Bartle Frere qui décide, malgré tout, de poursuivre ses plans.

Ne pouvant risquer une attaque frontale contre les Zoulous, son prochain objectif, il cherche alors à tout prix à légitimer une intervention sur leur territoire. Plusieurs incidents sur la frontière du royaume fournissent ainsi à Bartle Frere l'occasion de monter un dossier à charge contre le chef Cetshwayo et son peuple.

Tout d'abord les fils d'un chef de village, Sihayo, pénètrent sur le territoire du Natal afin de retrouver deux femmes qui fuyaient pour les exécuter. Ensuite, deux jeunes Blancs égarés près de la frontière zouloue sont pris à partie par des guerriers. Si ces derniers ne subissent aucune violence physique, Bartle Frere en profite pour souligner l'hostilité des Zoulous envers les colons. Enfin, les Zoulous et la République sud-africaine revendiquent les mêmes terres depuis près de trente ans et n'arrivent toujours pas à s'entendre sur l'issue de cette crise.

Bartle Frere dispose enfin d'assez d'éléments pour justifier un déploiement militaire. Afin de témoigner de sa bonne foi auprès des autorités britanniques, il pose cependant un ultimatum aux Zoulous avant d'entreprendre toute action. Celui-ci impose aux Zoulous de démanteler leur armée, de livrer les fils du chef de village Sihayo, de laisser les hommes se marier quand ils le veulent, d'accepter la présence d'un représentant britannique au sein du royaume, etc. Des conditions inacceptables pour Cetshwayo qui ignore purement et simplement la menace, car cela remettrait en cause le cœur même de la culture zou-loue.

Bartle Frere savait évidemment que les Zoulous refuseraient sa proposition et qu'il pourrait ouvrir les hostilités. Cetshwayo, lui, malgré l'imminence de l'invasion, ordonne à ses hommes d'adopter une atti-tude strictement défensive, interdisant toute incursion en territoire britannique.

Le 11 janvier 1879, trente jours après avoir posé son ultimatum, Henry Bartle Frere charge le général

Frederic Augustus Thesiger, comte de Chelmsford,
d'envahir le royaume zoulou et de défaire Cetshwayo.
À la tête de treize mille hommes environ, dont la moitié d'indigènes, Lord Chelmsford divise ses forces en
quatre colonnes militaires. Tandis que l'une d'entre
elles doit assurer la garde de la frontière afin d'éviter
toute attaque surprise sur le sol britannique, les trois
autres se dispersent avec le même objectif, s'emparer
de la capitale zouloue, Ulundi.

La colonne du centre, dirigée par Chelmsford
en personne, semble la plus puissante et les deux
autres, suffisamment dotées pour parer une attaque,
se portent de chaque côté afin d'encercler l'ennemi
en cas d'affrontement. En renfort de cette armée
très bien équipée, notamment en artillerie, près de
trente mille bêtes et mille chariots assurent le ravitaillement des troupes. Cette logistique ralentit
considérablement les soldats et rend leurs mouvements assez prévisibles.

La première étape de la colonne centrale est le
village du chef Sihayo. Le 12 janvier 1879, l'assaut
est lancé contre les Zoulous qui résistent, et si les
Britanniques sont repoussés une première fois ils
parviennent à pénétrer les défenses de l'ennemi.
Si Sihayo n'est pas présent, un de ses fils qui défend
le village meurt ce jour-là avec quelques centaines de
guerriers. La colonne peut alors reprendre sa marche
en direction de la capitale. De nombreux orages com-
pliquent la circulation des troupes d'invasion en
transformant la région en bourbier.

Le 20 janvier, lord Chelmsford et ses hommes arrivent au pied de la colline d'Isandhlwana et installent leur campement. Si la tactique de défense des Boers, qui consiste à mettre leurs chariots en cercle autour des troupes pour les protéger, semble avoir porté ses fruits lors de nombreux affrontements, l'armée britannique ne choisit visiblement pas de l'adopter, préférant installer ses tentes directement dans le champ sans aucune fortification. Quelques unités de reconnaissance sont envoyées aux alentours afin d'informer le général des mouvements de troupes zoulous. L'une d'elles revient bientôt avec des informations précieuses sur un contingent zoulou situé à l'est du camp d'Isandhlwana.

Le 22 janvier au matin, Lord Chelmsford décide de partir affronter directement les guerriers en prenant la tête de trois mille hommes. Il laisse le commandement du camp au lieutenant Pulleine et envoie une lettre au colonel Durnford, qui dirige des troupes un peu plus loin, afin que ce dernier rejoigne le camp d'Isandhlwana.

Tandis que Chelmsford triomphe dans une escarmouche vers l'est et provoque la mort d'une centaine de Zoulous, le camp est en proie à une querelle de commandement. Si Pulleine a reçu ses ordres directement du général, le grade de colonel de Durnford lui donne en principe l'ascendant pour diriger les troupes. Une nouvelle patrouille de reconnaissance indique au colonel que quelques troupes zouloues sont positionnées au nord. Durnford donne l'ordre d'envoyer deux compagnies de cavalerie et demande à Pulleine de les appuyer avec un régiment d'infanterie. Après avoir découvert quelques éclaireurs zoulous dans la direction indiquée, les lieutenants Raw et Roberts décident de les traquer et de les mettre à mort. Durant cette fuite, ils tombent nez à nez avec une énorme armée zouloue composée de plus de vingt mille guerriers.

C'est ici près de la moitié des forces de Cetshwayo qui sont rassemblées et qui marchent vers Isandhlwana. La fameuse grande armée que traque le général Chelmsford est ainsi passée dans son dos sans qu'il s'en aperçoive. Les Zoulous chargent les cavaliers qui se replient précipitamment sur leur camp et le lieutenant Pulleine a à peine le temps d'envoyer un message à destination du général que les guerriers se mettent déjà en formation. Les quelque mille sept cents hommes qui restent sur la colline sont seuls face à la marée zouloue. Ces derniers utilisent la célèbre tactique de la «corne de vache» afin de fondre sur le camp. Au centre sont réunis les guerriers les plus aguerris, tandis que de chaque côté les plus jeunes, et donc les plus rapides des hommes, forment deux «cornes» qui s'élancent avant eux afin d'encercler l'ennemi.

Les Britanniques s'étirent sur une longue ligne le long du camp et sortent leurs fusils afin de contrer la première vague de guerriers zoulous. Au centre, l'artillerie est regroupée pour pilonner l'ennemi. Pendant toute la matinée, les troupes britanniques encaissent le choc et tiennent en respect les Zoulous grâce à leur supériorité technologique.

Mais, très vite, les munitions commencent à se faire rares, les hommes de Durnford souffrent et se replient vers le centre du campement. Le flanc droit est débordé, et le gauche bat lui aussi en retraite. Bientôt, les guerriers équipés de leurs *iklwa* – leurs fameuses lances – franchissent les lignes britanniques et transpercent les corps des tuniques rouges. La ligne de défense est totalement rompue, des petits groupes de résistance se forment à travers le champ. Par ici quelques dizaines d'hommes, par là une centaine, refusant de se laisser massacrer au pied d'Isandhlwana. Les baïonnettes sont substituées à la poudre et bientôt l'affrontement au corps à corps devient la seule issue possible. Les provisions sont dévastées, les bêtes massacrées, Durnford puis Pulleine meurent avec leurs hommes. La fuite est la seule solution, tandis que l'arrière-garde zouloue vient donner le coup final aux Britanniques.

Horace[1] courait à en perdre haleine, il ne savait même pas dans quelle direction. Ses entrailles étaient nouées par la peur. Il vit sur sa droite un chariot laissé à l'abandon. À l'intérieur, plusieurs caisses de munitions s'entassaient les unes sur les autres. Il se jeta sur une de caisses et tenta en vain de l'ouvrir. Il lui fallait absolument des munitions pour sortir de là[2] !

— Ouvre-toi, bon sang ! lâcha-t-il agacé.

Dans l'impossibilité de l'ouvrir sans les outils appropriés, il sauta du chariot et continua rapidement son chemin vers un groupe de tuniques rouges à quelques dizaines de mètres de lui. Les soldats semblaient paniqués, l'un deux tremblait tellement qu'il avait du mal à tenir son fusil, Horace le voyait d'ici. Et pourtant ces hommes étaient tous des soldats expérimentés.

---

1. Horace Smith-Dorrien, général de l'armée britannique, est à l'époque un jeune officier de transport pour l'artillerie royale. Étant un des rares rescapés de la bataille d'Isandhlwana, il en rapporte le récit et ne doit son salut qu'à la couleur de sa tunique. En effet, les Zoulous reçoivent l'ordre de tuer les soldats britanniques, les fameuses tuniques rouges, et de laisser en vie autant que possible les civils qui accompagnaient le convoi. Horace porte ce jour-là une tunique noire, celle des patrouilleurs, ce qui lui permet de sauver sa peau !

2. Il semblerait que, pendant la bataille, certains soldats britanniques soient tombés à court de munitions. Plusieurs charrettes transportant des caisses servent pourtant à ravitailler les hommes, mais on rapporte qu'ils éprouvent bien des difficultés à les ouvrir. Horace Smith-Dorrien fait notamment remonter cette information après la bataille et l'ouverture des caisses est modifiée par la suite.

Alors qu'il ne lui restait que quelques mètres à parcourir, un hurlement lui glaça le sang et le précipita au sol. En relevant timidement la tête, il jeta de nouveau un œil vers l'homme au fusil. Il ne tremblait plus. Les yeux révulsés, son corps inerte jonchait le sol au côté de ses camarades, en train de lutter tant bien que mal à un contre trois.

Un guerrier zoulou fit un signe de tête à un autre en désignant Horace du doigt. Les deux hommes échangèrent dans une langue qu'il ne comprenait pas. Tandis qu'il saisissait son arme, le premier guerrier plongea sa lame dans le corps encore tiède d'un soldat britannique. Lui ouvrant le ventre, il recouvrit sa lame de sang et disparut aussi vite qu'il était arrivé[1]. Horace vomit sur place. Sa tête tournait. Pourquoi ces hommes l'avait-il laissé ainsi en vie après avoir massacré ses frères d'armes ?

Tout autour de lui des centaines de guerriers hystériques criaient et couraient en tous sens. Il restait là, impuissant, résigné. Il n'attendait plus que le fracas du fer contre son crâne, ce n'était qu'une question de temps. Il ferma les yeux et prit une grande inspiration.

Quand il les rouvrit, il aperçut un cheval à une cinquantaine de mètres. C'était sa chance, il fallait

---

1. Parmi les coutumes guerrières chez les Zoulous, on peut observer le rituel du bain de sang. Lors d'un combat, il est en effet considéré comme un déshonneur de revenir sans avoir baigné sa lance dans le sang de l'ennemi. Cela explique pourquoi les Zoulous chassent également une partie des civils lors de l'affrontement.

qu'il se ressaisisse. Reprenant son courage à deux mains, il courut en direction de la monture et esquiva de peu une escouade zouloue qui passa à côté de lui en un éclair. Le cheval était sellé, il ne faisait aucun doute que son propriétaire avait dû tomber quelque part autour du champ de bataille. Il saisit la bête par la bride et la monta sans difficulté. Une poussée d'adrénaline traversa son corps. Il pouvait s'en sortir!

Trois cavaliers passèrent non loin, fuyant visiblement dans la même direction que la plupart des hommes. Horace éperonna sa monture si vivement qu'elle poussa un violent hennissement. Il se précipita vers la sortie du camp, tandis que derrière lui un nouveau cri retentit. Il se retourna brièvement pour apercevoir un grand guerrier qui pointait le doigt dans sa direction et celle de ses camarades. Plusieurs dizaines de guerriers s'élancèrent aussitôt à leur poursuite[1].

De toute part les survivants fuient vers l'ouest. La seule porte de sortie, chacun le sait, est d'atteindre Rorke's Drift où une compagnie britannique est en garnison autour d'une ferme. Les hommes à pied sont terrassés par leurs poursuivants, quant aux chanceux qui trouvent une monture, ils peuvent espérer atteindre

---

1. Cetshwayo ne dirige pas lui-même les troupes zouloues. Il envoie plusieurs chefs de confiance et, parmi eux, Dabulamanzi kaMpande, son demi-frère, qui poursuit les troupes britanniques vers Rorke's Drift après la victoire d'Isandhlwana.

la terre promise. Des milliers de Zoulous se lancent à la poursuite des Britanniques qui doivent franchir un marais, puis traverser la rivière Buffalo, alors en crue. De nombreux chevaux et hommes se noient au fond de cette rivière. Quelques longs kilomètres séparent encore Rorke's Drift et les fuyards.

Lorsque le général Chelmsford découvre le camp d'Isandhlwana le soir du 22 janvier 1879, près de mille trois cents soldats, britanniques et indigènes fidèles à la Couronne, gisent sur le sol. Durant toute la journée, il avait pourtant reçu plusieurs appels au secours de la part de Pulleine lui indiquant que le camp était attaqué. Mais, chaque fois, le général avait ignoré ces informations, pensant que les troupes laissées sur place seraient suffisamment nombreuses pour résister à un assaut de guerriers zoulous seulement équipés d'armes blanches. La désillusion est extrêmement violente pour Chelmsford qui perd ici une grande partie de ses hommes et aperçoit au loin des flammes s'élever de Rorke's Drift. Le fait d'avoir sous-estimé ses ennemis est sans aucun doute une des principales raisons de cet échec cuisant.

Pendant ce temps-là à Rorke's Drift, les survivants rejoignent la ferme qui vient d'être incendiée par les Zoulous. Près de cent cinquante hommes résistent tant bien que mal aux assauts des milliers de guerriers et il leur faut attendre très tard dans la nuit pour que des renforts dissuadent les Zoulous de poursuivre l'attaque.

Si l'affrontement s'achève sur une note plus négative à Rorke's Drift, la bataille d'Isandhlwana reste indéniablement une immense victoire pour les hommes de Cetshwayo, qui perdent néanmoins près de trois mille hommes pendant la bataille. Une victoire que le chef zoulou espère ferme et définitive sur les Britanniques, scellant ainsi la fin de la guerre. Près d'un mois plus tard, au gré des victoires et des défaites, les troupes britanniques doivent se rendre à l'évidence, l'invasion est un échec.

Pour l'Empire colonial, cette défaite est extrêmement grave et ne peut être laissée sans suite, car la victoire d'une nation indigène le décrédibiliserait dans toutes les colonies. À la suite de ce véritable carnage, Chelmsford est donc en bonne position pour être désigné responsable de ce fiasco, mais il arrive à rejeter la faute sur le lieutenant Pulleine et sur le colonel Durnford. Il évite donc une sanction trop lourde et le maréchal Garnet Wolseley est envoyé de la métropole afin de le remplacer.

Chelmsford reste donc à la tête des forces britanniques jusqu'à l'arrivée de son remplaçant. Il reçoit de nombreux renforts et ses effectifs montent à vingt-cinq mille soldats environ, ce qui lui permet de pouvoir poursuivre le conflit avec les Zoulous, qui disposent, eux, de quarante mille guerriers.

Chelmsford veut à tout prix ravir la capitale zouloue avant que son remplaçant ne lui succède. Il effectue une percée dans le royaume de Cetshwayo et, malgré les demandes de paix de ce dernier, qui sait ses troupes épuisées par les combats, Chelmsford continue l'offensive. Dans les combats qui s'ensuivent, le jeune Louis Napoléon Bonaparte, fils unique de Napoléon III, au service de l'Empire britannique, meurt au cours d'une escarmouche.

Le 4 juillet 1879, le général parvient à entrer dans Ulundi, la capitale zouloue, et fait plier Cetshwayo. Après avoir remis le pouvoir à Garnet Wolseley, Lord Chelmsford reste considéré comme un paria par la Grande-Bretagne, car il a délibérément désobéi aux ordres envoyés de la métropole et provoqué la mort de nombreux soldats à Isandhlwana. Ce n'est qu'un peu plus tard qu'il récoltera les lauriers de sa victoire à Ulundi : il sera décoré et proclamé chevalier.

Cependant ces interventions militaires seront limitées par la suite. La guerre anglo-zouloue sonne également la fin de la carrière de Sir Henry Bartle Frere, à l'origine de la campagne. Il décède d'ailleurs quelques années plus tard.

Le royaume zoulou en tant que tel disparaît ainsi en 1879. Cetshwayo est destitué et ses terres divisées entre treize chefs locaux qui s'affronteront pour le pouvoir durant des années.

Pendant ce temps-là dans le monde...

Durant le règne de la dynastie des Tokugawa, le Japon se referme sur lui-même et sur ses traditions, interdisant même aux Européens de poser le pied sur leur territoire. Cette période, nommée «Edo», est marquée par une hiérarchisation très forte de la société en quatre classes sociales principales. Le pays est divisé en plusieurs régions contrôlées par des daimyos qui sont au service du shogunat – le gouvernement militaire. Au sein de cette société prospère, les samouraïs, une classe de guerriers dont la vie repose sur un code d'honneur très stricte, sont au service des daimyos. Avec ces derniers, ils forment la classe des guerriers qui est située en haut de la hiérarchie sociale japonaise. Suivent dans l'ordre les paysans, les artisans, puis les commerçants. Néanmoins, quand le shogun signe en 1854 un accord entre le Japon et les États-Unis, le pays commence à s'ouvrir sur le monde et la crainte des étrangers pousse une partie des samouraïs à se rallier à l'empereur, qui jusque-là n'avait qu'un rôle spirituel, contre le shogun. La guerre civile de Boshin éclate en 1868 et les forces de l'empereur, samouraïs de la région de Satsuma en tête, renversent le shogunat. L'ère Edo prend fin pour céder la place à l'ère Meiji. Le nouveau gouvernement veut alors en finir avec l'ancien système hiérarchique de l'époque Edo et de manière globale veut rompre avec un certain nombre de traditions japonaises au profit d'une occidentalisation de la société. Il s'attaque au statut des samouraïs en ayant pour objectif de le faire disparaître afin de ne plus les privilégier par rapport aux autres classes. Si une majorité de samouraïs acceptent bien volontiers ces réformes, ce n'est pas le cas dans la région de

Satsuma, qui a pourtant aidé l'empereur à restaurer
son pouvoir. En 1877, menée par le samouraï Saigō
Takamori, Satsuma se révolte contre le pouvoir. La nouvelle
armée impériale du Japon, qui compte des centaines de
milliers d'hommes, marche sur les quelque quarante mille
rebelles et annihilent les troupes de Saigō durant la bataille
de Shiroyama le 24 septembre 1877. Le leader des
rebelles se suicide en se plongeant une lame dans le ventre
comme le veut la tradition du seppuku. C'est la fin des
samouraïs.

Le 2 mars 1855, Alexandre II monte sur le trône de
Russie à la mort de son père. Le servage, encore en vigueur
dans le pays, rythme la vie de plusieurs dizaines de millions d'habitants. Le jeune tsar décide d'y mettre fin et de
libérer les serfs de Russie de leurs obligations, une réforme
qu'il met près de six ans à instaurer à cause des réticences
des nobles et qui lui donne une bonne réputation auprès
du peuple. Alexandre II ne compte cependant pas s'arrêter
là et continue à profondément réformer le pays dans les
domaines tels que la justice, l'enseignement, la liberté de
la presse ou l'armée. Néanmoins ces réformes peinent à
être appliquées partout de façon juste et si Alexandre
mène une politique profondément libérale qui contraste
avec l'autoritarisme de son défunt père, le pouvoir est toujours centralisé autour du tsar qui décide seul de la direction que va prendre le pays. S'il réfléchit à la mise en place
d'un nouveau type de gouvernement faisant intervenir
d'autres personnes pour diriger le pays, des révolutionnaires radicaux exigent que le pouvoir soit donné au
peuple. Gagnant le soutien des intellectuels du pays, les
révolutionnaires ne veulent pas obtenir un compromis avec
le tsar, ils appellent à la révolution et à la destruction pure
et simple de l'État russe tel qu'il existe. En 1866, un jeune

révolutionnaire tente d'assassiner Alexandre II. Cet attentat est le premier d'une longue série (près d'une dizaine) qui s'intensifie à partir de 1879. Le 13 mars 1881, alors qu'il est à bord de son véhicule, une première bombe est lancée dans sa direction par un opposant. Celle-ci explose à côté de son objectif en faisant plusieurs victimes, et le tsar, sous le choc d'avoir évité un énième attentat, se rapproche du cratère formé par la bombe afin de constater par lui-même les dégâts. Un second révolutionnaire saisit alors l'occasion pour projeter une deuxième bombe sur Alexandre, qui cette fois-ci est touché mortellement et décède quelques heures plus tard, tout comme son meurtrier. Cet attentat a pour conséquence directe d'amener le fils du tsar, Alexandre III, sur le trône. Ce dernier stoppe les réformes engagées par son père et renoue avec une politique beaucoup plus autoritaire, brisant l'élan de démocratisation de la Russie.

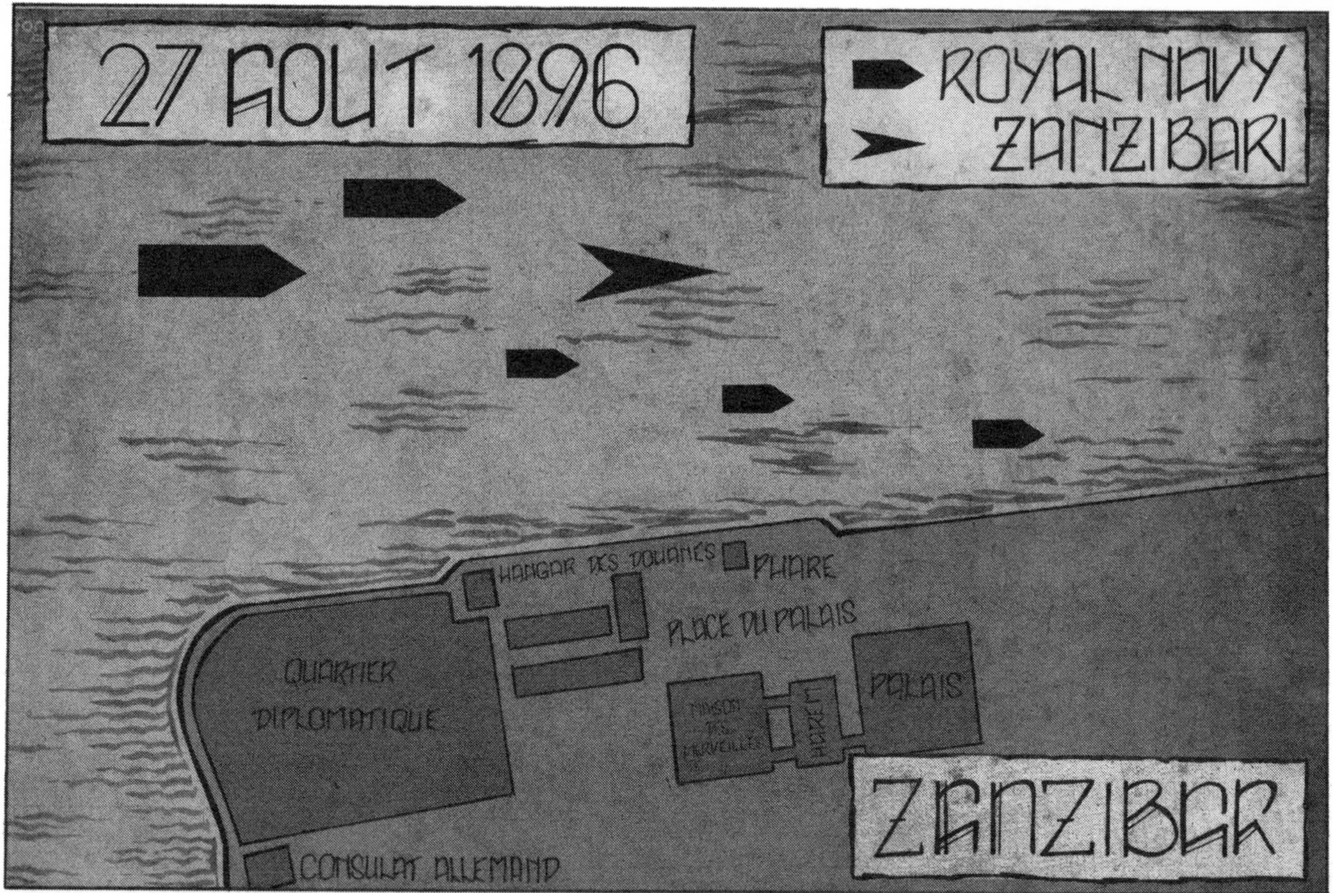
27 AOUT 1896
ROYAL NAVY
ZANZIBARI
HANGAR DES DOUANES
PHARE
PLACE DU PALAIS
QUARTIER DIPLOMATIQUE
MAISON DES MERVEILLES
HAREM
PALAIS
CONSULAT ALLEMAND
ZANZIBAR

13
Zanzibar, une guerre minutée

Le Royaume-Uni actuel n'a pas toujours eu la forme qu'on lui connaît. En 1707, après plusieurs siècles de « je t'aime moi non plus », les parlements d'Écosse et d'Angleterre sont dissous par les célèbres actes d'Union qui aboutissent à la création d'un parlement commun, celui de Grande-Bretagne. Ce royaume de Grande-Bretagne devient le Royaume-Uni de Grande-Bretagne et d'Irlande en 1801 quand l'Irlande et la Grande-Bretagne fusionnent, puis le Royaume-Uni de Grande-Bretagne et d'Irlande du Nord en 1927 lorsque l'Irlande du Sud proclame son indépendance. Le Royaume-Uni tout court est donc l'abréviation de ce Royaume-Uni de Grande-Bretagne et d'Irlande du Nord. Si vos neurones s'entremêlent, c'est tout à fait normal, mais il convenait de poser ce constat avant de poursuivre notre aventure.

Les changements structurels et politiques du Royaume-Uni se sont accompagnés tout au long de son histoire d'une expansion coloniale très forte, notamment au Canada, en Inde, dans les Antilles et même en Afrique. Une conquête rapide qui lui permet de recouvrir près de 30 % des territoires du monde. À son apogée, l'Empire britannique est même surnommé «l'empire sur lequel le soleil ne se couche jamais», car son territoire s'étend sur toutes les mers. En Afrique notamment, les Anglais mettent la main sur l'Afrique du Sud, le Kenya, la Gambie, l'Ouganda, le Malawi, le Zimbabwe, le Soudan, l'Égypte et bien d'autres, dont deux îles au large des côtes de la Tanzanie faisant partie de ce que l'on nomme l'archipel de Zanzibar. Il est toutefois important de préciser que l'archipel est constitué de trois îles principales et un chapelet de petites îles. Si les îles d'Unguja et de Pemba font bien partie des plans britanniques, la troisième île, portant le doux nom de Mafia – ça ne s'invente pas –, est complètement à part et ne sera jamais administrée par eux.

L'histoire de l'archipel est très mouvementée et il faut du temps aux Britanniques pour imposer leur volonté sur Zanzibar. Tantôt perse, puis portugaise, elle est ensuite conquise par le sultanat d'Oman qui en fait une des plaques tournantes de la traite négrière en Afrique. On estime d'ailleurs à plusieurs centaines de milliers le nombre d'hommes qui transitent au XIXe par le marché aux esclaves de Zanzibar et qui s'échangent aussi facilement que les épices produites par l'archipel.

254

Cette puissance commerciale attire vite l'attention sur elle et les Britanniques se rapprochent du sultanat afin de tisser des accords commerciaux, ce qui aboutit à la signature d'un traité commercial entre les deux parties en 1798. À partir de ce moment, le Royaume-Uni tente d'asseoir son emprise sur le sultanat d'Oman et essaye sans grand succès de mettre la pression sur ce pays de la péninsule d'Arabie afin que cesse la pratique de l'esclavage, interdite depuis plus de vingt ans par les Anglais.

En 1856, le sultan meurt et sa succession entraîne une lutte de plusieurs années entre les prétendants au trône. Le Royaume-Uni y voit l'occasion rêvée de pousser son favori, Majid ibn Saïd, à se proclamer sultan et à déclarer l'indépendance de Zanzibar. En 1861, c'est chose faite, mais la situation économique de l'archipel est de plus en plus tendue. L'excédent d'esclaves et donc de main-d'œuvre entraîne une surproduction des épices, et notamment du clou de girofle qui voit son prix grandement chuter. La population s'entasse dans des bidonvilles et les maladies prolifèrent. Choléra, variole, dysenterie... près de 15 % de la population de Zanzibar City, la capitale, meurent dans ces épidémies.

Quand le sultan meurt en 1870, il est remplacé par son frère, et ce dernier compte bien remettre de l'ordre dans le pays avec l'aide du Royaume-Uni. Il fait appel au consul britannique à Zanzibar, John Kirk, pour développer son réseau routier, son armée, renforcer l'urbanisation dans la capitale et créer usines et systèmes d'irrigation pour relancer l'économie. Progressivement, une partie de plus en plus importante du pouvoir est déléguée aux Britanniques, ce qui amène le Royaume-Uni à mettre enfin la main sur le territoire en 1890, quand il signe avec l'Allemagne le traité de Heligoland-Zanzibar. Bien entendu, le sultan local n'a pas vraiment son mot à dire et reste en place, car il est un allié précieux de ce tout nouveau «protectorat britannique de Zanzibar». Un traité, signé en 1896, impose désormais qu'un sultan ne peut être intronisé s'il n'a pas l'accord des Britanniques.

Le 25 août 1896, le sultan Hamad ibn Thuwaini meurt, ce qui ne fait pas vraiment l'affaire des autorités, puisqu'il était profondément probritannique. Alors que le choix du futur sultan est sur le point d'être annoncé, le beau-frère d'Hamad ibn Thuwaini, Khalid ibn Bargach, tente sa chance dans ce qui ressemble plus ou moins, il faut le dire, au caprice délectable d'un jeune adulte de vingt-deux ans ayant très envie de profiter du harem du palais. Un caprice qui va tout de même très loin car on le soupçonne d'avoir fait empoisonner Hamad pour prendre sa place, tout comme il avait tenté de prendre le poste du sultan Ali bin Saïd lors de sa mort en 1893.

Au-delà de l'attrait évident que peut représenter le pouvoir, Khalid est radicalement contre le protectorat britannique. Tandis que le corps d'Hamad est encore tiède, il pénètre au sein du palais et en prend possession. Le général Mathews, responsable des troupes britanniques, se joint à Basil Cave, consul britannique de Zanzibar pour poser un ultimatum à Khalid : s'il ne libère pas le palais, l'usage de la force n'est pas à exclure. Loin de faire frissonner le téméraire, l'avertissement le galvanise plutôt et il entreprend de se barricader à l'intérieur de l'édifice. Drôle de situation... Le sultan autoproclamé réunit sa garde personnelle, mobilise des civils, des soldats sympathisants et prend le contrôle de quelques navires. Au terme de cette journée de frénésie, ce sont près de deux mille huit cents hommes armés de fusils qui protègent le palais, pendant que l'artillerie de Khalid ibn Bargach est pointée sur les bateaux britanniques. En somme, le nouveau sultan sort les crocs et argue à qui veut l'entendre que l'on doit le reconnaître à son juste titre, ce que les Britanniques, bien évidemment, n'acceptent pas car ils veulent préserver leurs intérêts sur l'île.

Cette même journée du 25 août 1896, les forces britanniques débarquent sur l'île d'Unguja pour sécuriser la côte, le port et le consulat. Plus de mille hommes sont déployés pour éviter les débordements, un croiseur et deux canonnières jettent l'ancre dans le port, canons braqués sur le palais. La tension est sans aucun doute palpable et Khalid tente le tout pour le tout en essayant de convaincre Richard Mohun, le consul américain, de l'aider en reconnaissant son titre. Bien entendu, ce dernier refuse de se mouiller, car cela impliquerait trop son pays dans une situation pour le moins délicate.

Khalid ibn Bargach est bien seul, mais il tient bon et ignore les messages répétés du consul britannique Basil Cave. Il enterre le corps de son prédécesseur à quatorze heures trente et fait tirer une demi-heure plus tard un coup de canon pour annoncer à tous que son titre est officiellement posé.

Cave est dans une impasse, mais ne peut pas donner l'assaut sans la permission de ses supérieurs. Il envoie donc un télégramme au secrétaire d'État des Affaires étrangères, Robert Gascoyne-Cecil : « Sommes-nous autorisés, dans l'éventualité où toutes les tentatives pour trouver une solution pacifique se révèlent inutiles, à ouvrir le feu sur le palais depuis les navires de guerre ? »

La nuit tombe, la réponse n'arrivera pas avant le lendemain.

Le 26 août 1896, deux croiseurs britanniques supplémentaires se mettent en position le long de la côte, portant désormais le nombre d'unités mobilisées à cinq. Dans l'après-midi, la réponse tombe enfin : les canons peuvent tonner et les soldats marcher sur le palais si le général est convaincu de pouvoir remporter la victoire. Le consul tente une dernière négociation avec Khalid, mais ce dernier campe sur ses positions. Les femmes et les enfants britanniques sont évacués, l'ultimatum posé : si le palais n'est pas libéré à neuf heures le lendemain, un déluge de feu s'abattra sur le sultan et ses hommes.

Le soleil avait déjà dépassé l'horizon lorsque son éclat frappa le visage du sultan. Des yeux plissés, des traits tendus, la nuit avait été rude et le sommeil fugace.

— *Capitaine Saleh*[1] *? lâcha-t-il dans un soupir.*

Posé devant la fenêtre, l'homme d'une carrure athlétique se retourna lentement vers lui.

— *Oui Votre Majesté ?*

— *Quelle heure est-il ?*

— *Huit heures, Votre Majesté, il ne nous reste qu'une heure pour signifier nos intentions, répondit le soldat.*

— *Je vois... nos hommes sont-ils en position ?*

— *Oui, Votre Majesté, mais contre ces canons j'ai bien peur que...*

Le sultan se leva d'un bond en pointant le capitaine d'un doigt menaçant.

— *Je suis Khalid ibn Bargach*[2]*, sultan de ce palais, de cette ville et de cette île. Je ne reculerai pas devant des chiens qui se permettent de venir dans mon pays et de faire la loi à notre place. Avez-vous peur, capitaine ?*

---

1. Le capitaine Saleh est un personnage réel qui a accompagné le sultan dans sa prise de pouvoir. Il trouve d'ailleurs refuge dans l'ambassade allemande avec ce dernier et une quarantaine de soldats. La description du personnage est toutefois imaginaire et je n'ai pas pu trouver de source détaillant son aspect physique. Sa fébrilité vis-à-vis de la décision du sultan est également fictive. Du moins elle n'est pas mise en lumière par des sources et j'ai pris la liberté d'insérer le doute dans cette partie de fiction.
2. L'attitude de Khalid ibn Bargach est également mise en scène. S'il semble établi qu'il éprouve une profonde aversion envers les Britanniques, ses propos restent du domaine de la fiction.

Le sultan défia Saleh du regard.

— Pas pour ma personne, Votre Majesté, mais pour mes hommes, répondit-il en le fixant des yeux.

Khalid marqua une pause, puis s'assit de nouveau dans son fauteuil en faisant un signe de main au capitaine.

— Vos hommes ne craignent rien, capitaine, ces Britanniques sont des lâches, ils n'oseront pas tirer sur un palais qui contient des esclaves si chers à leur cœur.

— Et si c'était le cas ? rétorqua-t-il d'un ton provocant.

Le sultan avait étonnamment froid par cette chaude matinée d'été. La sueur perlait sur son front et sa main semblait en proie à des spasmes irréguliers et de plus en plus fréquents.

— Non... non, ils n'oseront pas... Non... Préparez un messager, capitaine, signifiez-leur que les Zanzibaris ne capituleront pas.

— À vos ordres, Votre Majesté.

Alors que Saleh tournait les talons, le sultan éleva de nouveau la voix.

— Saleh ?

— Oui, Votre Majesté ?

— Sécurisez également un chemin vers l'ambassade allemande, je veux pouvoir prendre mes distances si la folie venait à frapper l'esprit de leur général.

Oubliant l'étiquette, Saleh se retourna sans un mot, un goût amer dans la bouche.

Le 27 août, à huit heures du matin, après une nuit beaucoup plus calme que d'habitude d'après les témoignages, un messager tente d'ouvrir les négociations avec le consul britannique. Celui-ci refuse, prétextant que l'ouverture d'une discussion ne peut se faire sans l'acceptation sans condition de leurs revendications. Trente minutes plus tard, un second messager vient transmettre la réponse de Khalid qui ne veut en rien céder face aux pressions et qui leur signifie de manière très explicite qu'il ne croit pas que les Britanniques oseront l'ouverture des hostilités avec lui. Cave répond sans détour qu'ils ne le veulent pas mais le feront.

À neuf heures, les premiers coups de canon résonnent, et le palais, qui n'a jamais été construit pour en faire une place défensive, croule sous les obus. De toute part courent soldats et esclaves du palais, Khalid recule et tente de trouver une issue. L'artillerie saute, les défenseurs tombent, dehors le seul bateau du sultan fait feu sur le HMS *Saint-George*. La riposte est immédiate, le navire zanzibari est coulé et le pilonnage du palais reprend de plus belle. Deux chaloupes tentent elles aussi d'attaquer un navire britannique et connaissent le même destin. Pendant le bombardement, c'est environ un obus toutes les cinq secondes qui s'écrase sur l'édifice.

Puis, soudain, c'est le silence, des hommes se relèvent, hébétés, c'est la fin. Le sultan s'enfuit avec quelques soldats et son capitaine en direction de l'ambassade allemande, dans laquelle il trouve refuge. Dans la ville, les habitants ont peur et se rallient dans leur grande majorité aux Britanniques. Un quartier est pillé et le contrôle du palais, ou du moins de ce qu'il en reste, est repris. Près de cinq cents personnes trouvent la mort ou sont blessées au sein et autour du palais. Côté anglais, un seul homme est gravement blessé à bord d'un navire, mais il est rapidement tiré d'affaire.

La fin pour le moins rapide de cette guerre, au bout de trente-huit minutes chrono, lui octroie ainsi le titre de « guerre la plus courte de l'histoire ».

Malgré les lourdes pertes de ses forces armées, le sultan n'est pas capturé par les Britanniques car l'ambassade allemande refuse de le leur remettre. Si les soldats du général Mathews entourent rapidement le bâtiment, ils ne peuvent lancer un assaut sans risquer un conflit ouvert avec l'Allemagne, la situation est très tendue. Les Britanniques décident donc de prendre leur mal en patience en partant d'une évidence : si le sultan veut sortir de l'ambassade un jour, il doit poser le pied sur le sol contrôlé par le protectorat britannique et par conséquent l'arrestation est tout à fait légale.

Mais l'ambassade allemande dispose d'un grand jardin non loin de la mer et à marée haute il est tout à fait possible d'embarquer sur une chaloupe sans poser le pied en dehors de l'ambassade. C'est ainsi que plus d'un mois après le bombardement de Zanzibar, un croiseur allemand se rapproche des côtes et que

Khalid ibn Bargach parvient à prendre la fuite. Le succès de cette retraite laisse sans doute un goût amer aux Britanniques, qui le captureront bien des années plus tard, en 1916, pendant la Première Guerre mondiale. Après neuf ans de détention, notamment sur la fameuse île de Sainte-Hélène, celle-là même où Napoléon a vécu son exil, il est relâché et meurt quelques années plus tard.

Le palais et ses alentours sont totalement dévastés, leur démolition est ordonnée et les gentils Anglais, qui ne veulent rien payer pour les dégâts occasionnés par leurs canons, décident de faire payer une partie de la population rebelle. Une action plutôt dissuasive car plus aucune autre tentative de putsch ne vient ébranler la régence britannique... ou presque, puisqu'au milieu du XXᵉ siècle de nombreux conflits déchirent le pays qui, jusqu'à aujourd'hui, reste toujours dans une situation politique très particulière, Zanzibar étant indépendante au sein même de la Tanzanie.

Pendant ce temps-là dans le monde...

Le 29 octobre 1888, la convention de Constantinople permet d'améliorer le droit maritime du canal de Suez. Elle précise que tout navire de commerce ou de guerre, peu importe sa nationalité et son pavillon, peut librement circuler sur le canal.

En 1889, l'Exposition universelle pose ses valises à Paris. Pendant six mois elle accueille diverses performances artistiques et scientifiques qui se tiennent sur la place des Invalides, le Champ-de-Mars et le Trocadéro. On peut alors observer près de quatre cents indigènes en cage, un show américain présenté par le fameux Buffalo Bill en personne, et le palais de l'Industrie, construit spécialement pour la première Exposition universelle française de 1855, voit son dôme central équipé en électricité, une révolution pour l'époque. C'est à cette occasion que la tour Eiffel, après plus de deux années de construction, est inaugurée.

Le 2 juillet 1890, le Sherman Anti-Trust Act est signé par le gouvernement américain. Il pose pour la première fois les limites anticoncurrentielles des entreprises et tente de contrer les situations de monopole économique et d'entente sur les prix entre différents acteurs.

Le 8 octobre 1895, l'impératrice de Corée Myeong-seong est violée, tuée et brûlée par des Japonais hostiles au régime de son époux. Quelques années après sa mort atroce on lui attribua un nouveau nom à titre posthume : Hyoja Wonseong Jeonghwa Hapcheon Honggong Seongdeok Myeongseong Taehwanghu. Un titre que l'on pourrait tenter de traduire – attention ! traduction personnelle – par «La fidèle et bienveillante, l'origine de la sainteté,

265

la constance dans le changement, l'unique du ciel, l'immensément méritante et vertueuse épouse, la grande impératrice Myeongseong»...

En 1898, c'est la guerre hispano-américaine qui se déroule autour de l'île de Cuba. Au terme du conflit, les Espagnols cèdent non seulement Cuba, mais aussi Porto Rico, les Philippines et l'île de Guam. Cette guerre marque le déclin de l'empire colonial d'Espagne.

Le 8 mai 1902, alors que la montagne Pelée montre depuis un mois les signes d'une éruption violente, le bouchon du volcan explose et une nuée ardente s'abat à près de cinq cents kilomètres à l'heure sur la ville de Saint-Pierre, en Martinique. C'est la catastrophe volcanique la plus meurtrière du XXᵉ siècle, près de trente mille personnes perdent la vie et seulement trois habitants arrivent miraculeusement à survivre malgré leurs blessures. Si les signes montrant que le volcan allait exploser étaient bien présents, la ville n'a pas été évacuée, car des élections législatives devaient s'y tenir le 11 mai. Le gouverneur de la Martinique, Louis Mouttet, qui tente durant les jours précédents de garder la population sous contrôle, meurt également dans cette tragédie.

PONT SAINT-LOUIS

▶ ITALIENS

LOCAL BARRIÈRE

TERRE-PLEIN

TRANCHÉES

TERRE-PLEIN

BLOCKHAUS

CABANE DES GENDARMES

JUIN 1940

14

Pont-Saint-Louis,
la résistance française avant l'heure

Le 23 août 1939, Joachim von Ribbentrop, le ministre des Affaires étrangères allemand, rencontre son homologue soviétique Viatcheslav Molotov pour signer le Pacte germano-soviétique. Celui-ci prévoit que les deux parties gardent une totale neutralité au cas où l'un d'entre eux entrerait en conflit armé avec une puissance occidentale. Accessoirement, et dans le plus grand secret, ce fameux pacte stipule que la Finlande, l'Estonie, la Lettonie, la Bessarabie et enfin la Pologne seront partagées entre les deux puissances en cas d'invasion. Pour Hitler, le feu vert est donné.

Le 1er septembre 1939, l'Allemagne envahit la Pologne et, deux jours plus tard, le 3 septembre, l'Angleterre et la France déclarent la guerre à l'Allemagne : c'est le début de la Seconde Guerre mondiale. Le 17 septembre, les Russes attaquent à leur tour la Pologne par l'est. Les Polonais sont anéantis et l'offensive des deux puissances se poursuit sur les autres territoires prévus par le Pacte germano-soviétique.

Les Français, tout comme les Anglais, n'interviennent pas vraiment; ils attendent, ils regardent, ils se renforcent en attendant le choc avec les nazis. Cette attitude défensive, si elle peut paraître étrange, entraîne la mise en place de fortifications – la fameuse ligne Maginot – qui suivent toute la frontière est du pays, pour se protéger. Néanmoins ce dispositif comporte des failles, des endroits où il était impossible de construire à cause du relief ou par simple manque de temps. C'est notamment le cas dans les Ardennes où le terrain est très difficilement praticable, encourageant les Français à écarter toute possibilité d'une percée allemande par blindés au travers de cette forêt. Vous imaginez alors aisément la suite de l'histoire...

Le 10 mai 1940, la Wehrmacht marche à travers les Pays-Bas, puis le Luxembourg, avant d'attaquer les infrastructures de la Belgique à l'aide de la Luftwaffe – l'armée de l'air allemande. Les Allemands s'enfoncent alors droit dans les Ardennes afin d'éviter les fortifications françaises. Dans ces massifs, la 7e armée française, qui devait être en poste, a été déplacée par le général Gamelin pour couvrir d'autres positions, il ne reste alors que les chasseurs ardennais de l'armée belge pour retarder l'avancée des Allemands.

Il serait malhonnête de ma part d'insinuer que l'armée française n'était pas du tout préparée à l'invasion allemande par les Ardennes, c'était une possibilité envisagée. Mais dans tous les cas, la vitesse de progression des forces d'Hitler dans ce dédale d'arbres et de routes sinueuses a largement été sous-évaluée, et c'est bien ça qui entraîne la France vers la défaite.

Malgré une résistance efficace des soldats belges, en deux jours à peine les blindés sont sur Sedan. Le 12 mai, la résistance française, qui n'est pas encore préparée à cette attaque soudaine, est écrasée. Quelques tanks légers sont envoyés pour contenir la percée allemande mais la supériorité technologique des blindés ennemis ne leur laisse aucune chance. Le fameux Blitzkrieg – « guerre éclair » – est en marche, la Wehrmacht s'enfonce très rapidement dans les terres, tandis que la panique s'empare de l'armée française.

Le moral est au plus bas et, de l'autre côté de la frontière, la Belgique décide de se rendre avant que son armée ne soit totalement anéantie. À Dunkerque, près de quatre cent mille soldats français et britanniques sont dos au mur, encerclés par la Wehrmacht. Seul un sang-froid à toute épreuve combiné à l'indécision des Allemands leur permet de résister et d'évacuer trois cent quarante mille hommes, dont un tiers de Français, vers le Royaume-Uni.

C'est dans ce contexte, voyant le rouleau compresseur allemand déblayer le passage et achever sa besogne, que l'Italie se décide à déclarer la guerre à la France, le 10 juin 1940. Prendre des risques, c'est bien, mais si on peut se lancer une fois que les copains ont fait la grosse partie du boulot, c'est mieux.

L'armée italienne, composée de trois cent mille hommes pour la plupart mal équipés et peu entraînés, traverse les Alpes et se heurte à une résistance française étonnante. Près de deux fois inférieurs en nombre, dispersés par des redéploiements sur d'autres fronts, les Français ont l'avantage d'avoir une ligne de défense solide, de posséder des fortins et de maîtriser la plupart des ponts qu'ils peuvent faire sauter en cas d'offensive. La frontière est quasi hermétique, les soldats italiens ne parviennent pas à passer, y compris lors de l'attaque massive de Mussolini, le 21 juin 1940. Même les tentatives aériennes échouent, l'armée française se payant le luxe d'envoyer son aviation directement en territoire italien pour semer le trouble.

Parmi les batailles qui ont marqué l'histoire de cette offensive sur les Alpes, une en particulier peut tout à fait symboliser la résistance héroïque des soldats français face à l'envahisseur : la bataille de Pont-Saint-Louis.

À l'extrême sud-est de la France, la ville de Menton fait face à la Méditerranée. Elle est reliée directement à l'Italie par le pont Saint-Louis qui enjambe le ruisseau du même nom. Afin de protéger la frontière, une casemate est construite dans les années 1930, avec deux petites ouvertures pour placer un canon antichar et une mitrailleuse braqués sur le pont. Les locaux sont modestes, on y rentre par une porte blindée située sur la droite et, hormis un petit couloir en forme de U, on y trouve deux pièces. La première, de cinq mètres carrés, accueille un système de ventilation permettant de rapidement purifier l'air en cas de nécessité, une attaque au gaz par exemple. Ce système de purification de l'air fonctionne grâce à un mécanisme à pédale actionné par un homme... comme un vélo. Une petite réserve d'eau et de nourriture y est également entreposée. La deuxième pièce, de sept mètres carrés, donne directement sur le pont, accueille les armes, les munitions, les systèmes de transmission et le poste de commandement. Ces douze mètres carrés auxquels s'ajoute la superficie du couloir peuvent abriter neuf hommes durant une courte période, l'édifice n'étant pas conçu pour s'y retrancher mais comme un avant-poste susceptible de servir ponctuellement.

C'est dans cette casemate que se réfugient neuf chasseurs alpins qui ont pour mission de protéger le pont contre les soldats italiens. Quatre hommes du génie les rejoignent temporairement pour faire sauter la route derrière le bunker, et ce afin d'entraver la progression des troupes ennemies au cas où l'avant-poste ne tiendrait pas sa position.

Le 10 mai 1940, à vingt-trois heures quarante-cinq, soit un quart d'heure précisément avant le début des hostilités officielles avec l'Italie, l'ordre est donné d'actionner les charges explosives. Les hommes se replient dans le bâtiment, s'enferment et déclenchent le dispositif. La puissance de l'explosion est telle qu'elle est ressentie dans de nombreux avant-postes voisins. La fumée envahit le blockhaus, les hommes toussent, ils ont du mal à respirer. Il faut près de trente minutes pour assainir l'air grâce au système de ventilation. À la place de la route, c'est désormais un cratère de six mètres de diamètre et trois mètres de profondeur qui fait place. Les hommes du génie ont achevé leur mission et repartent aussitôt après, laissant les neuf soldats seuls face à ce pont, d'où ils savent que l'ennemi va surgir. Mais quand ?

L'explosion a coupé la ligne de téléphone de l'avant-poste, des sapeurs sont envoyés, n'ayant pas le choix, en plein jour pour réparer les dégâts. Aucun tir, aucun soldat italien à l'horizon, tout est calme et ce silence assourdissant pèse sur les nerfs des chasseurs alpins, d'autant que leur champ de vision à l'intérieur de la casemate est très réduit. Dans les jours qui suivent, seul le ravitaillement en eau et en nourriture vient troubler le paisible train-train des soldats.

Le 14 juin, quelques coups de canon se font entendre au loin, les affrontements commencent pour leurs camarades, mais autour du pont Saint-Louis tout reste étrangement calme. Le 17 juin, le maréchal Pétain propose à l'Allemagne d'ouvrir les négociations en vue d'un armistice, de l'autre côté du pont, des hauts parleurs diffusent des marches militaires italiennes tandis qu'une voix interpelle les soldats français, leur envoyant des messages d'amitié. Les chasseurs alpins commencent à croire qu'ils ne se battront pas, ce qui pour eux est un soulagement.

Des officiers italiens se présentent devant la casemate, l'adjudant-chef sort du blockhaus à leur rencontre, discute longuement et décide de les faire accompagner pour discuter avec le lieutenant Cazenave, se trouvant plus loin à l'avant-poste du cap Martin. Une erreur selon le commandement français qui fera relever de ses fonctions l'adjudant-chef pour avoir permis à l'ennemi d'effectuer une reconnaissance du terrain en toute tranquillité. Le sous-lieutenant Gros vient alors remplacer le malheureux et prend la direction de la petite troupe.

Dès son arrivée, le manque d'hygiène le frappe durement, l'odeur est nauséabonde et pour cause, l'ouvrage n'est pas censé pouvoir accueillir autant d'hommes pendant des jours et des semaines. Les conditions de vie sont précaires, il n'y a pas d'eau courante et seules deux lampes produisant beaucoup de fumée servent à s'éclairer. Pour économiser l'eau, le sous-lieutenant Gros interdit à ses hommes de se laver et de se raser. On a tendu trois hamacs qui se serrent dans un coin de la pièce principale et quatre paillasses recouvrent le sol du couloir. Pour couronner le tout, il n'y a pas de toilettes, les besoins étant directement faits dans une gamelle en métal, puis vidés devant le bâtiment à travers la fente de la mitrailleuse.

Le 19 mai, le soldat Boé, présent depuis plus d'un mois dans l'avant-poste, doit être évacué car il n'arrive plus à supporter ces conditions de vie. Il est remplacé par le soldat Cordier qui est le dernier à pouvoir rentrer dans l'édifice avant le début des combats.

Le matin du 20 mai, à huit heures trois précisément, sept soldats italiens surgissent du virage au bout du pont. Le frais soldat Cordier ainsi que l'alpin Guzzi sont alors en dehors de la casemate pour mieux observer les environs. Quelques tirs de sommation obligent les intrus à rebrousser chemin. Peu après, une quinzaine de soldats débouchent à leur tour du virage pour s'engouffrer dans la caserne des carabiniers, un bâtiment posé de l'autre côté du pont. Puis, soudain, tout s'accélère, près de deux cents hommes apparaissent devant les Français. Les deux soldats en observation rentrent dans la casemate, verrouillent la porte et rejoignent leurs compagnons à leur poste de combat. Un obus éclate devant le blockhaus et plusieurs mitrailleuses ouvrent le feu sur les chasseurs alpins. L'avant-poste demande alors un soutien d'artillerie au cap Martin, équipé de canons à longue portée, et lance une fusée verte devant le bâtiment pour confirmer la demande orale. Les canons tonnent au loin et déchaînent leur violence sur les troupes italiennes.

À la mitrailleuse, le soldat Petrillo ouvre le feu sur l'ennemi qui arrive bientôt près de la barrière du pont, mais celle-ci s'enraye rapidement. Le sergent Bourgoin, en poste derrière le canon antichar, reçoit l'ordre de tirer sur cette même barrière pour les intimider, tandis que la mitrailleuse est rechargée le plus vite possible avant de reprendre sa cadence infernale. Si les Italiens se rapprochent trop de la casemate, il deviendra de plus en plus délicat pour les chasseurs alpins de les contrer, et ce à cause des angles de tir de leurs armes. Heureusement, l'édifice est équipé de goulottes à grenades, permettant de sécuriser les abords en prenant peu de risques. Environ sept grenades sont ainsi lancées par cette goulotte, tandis que trois autres sont directement expédiées par le créneau de la porte du blockhaus.

C'en est assez pour les Italiens qui se retirent en désordre pour tenter de prendre d'autres avant-postes afin de se frayer un passage. Mais l'artillerie française continue de pilonner intensément leurs positions jusqu'au repli général vers dix heures. Peu de temps après, quelques soldats italiens reviennent, un drapeau blanc à la main, se présenter devant la casemate afin de récupérer leurs blessés, les soldats français n'ouvrent pas le feu mais restent vigilants.

Vers onze heures quarante-cinq, alors que les hommes relâchent leur attention, un soldat italien apparaît d'un coup devant la barrière du pont, mettant un genou à terre pour épauler son fusil et tirer sur les chasseurs alpins qui ne l'ont pas vu. Le sergent Bourgoin, toujours rivé à son canon antichar, l'aperçoit par chance et fait feu sur l'ennemi. L'obus tue l'ambitieux et endommage au passage la barrière. Le soir venu, deux soldats français passent devant l'avant-poste, assurant à l'équipe que les lignes ont tenu bon, les hommes peuvent alors se relâcher un peu, affrontant une nuit calme mais peu sereine à l'idée que les troupes ennemies reviennent à l'assaut de Pont-Saint-Louis.

Le 21 mai, à six heures du matin, plusieurs soldats sont aperçus aux alentours du blockhaus, des tirs de mitrailleuse les dispersent. Quatre heures plus tard, d'autres individus reviennent à la charge et c'est l'artillerie du cap Martin qui les accueille chaleureusement. Vers midi, les chasseurs alpins entendent parler italien devant l'avant-poste quand un homme apparaît soudain devant la mitrailleuse. Il n'a pas le temps de fuir. Un officier italien et une dizaine de soldats surgissent quelques minutes plus tard, même issue. Tout au long de la journée, quelques obus sont tirés vers l'extrémité du pont, mais aucun adversaire ne repointe le bout de son nez.

Le 22 mai, les Italiens lancent une offensive générale, ils bombardent à outrance les positions françaises et lancent le gros de leurs forces pour prendre la ville de Menton. Cependant, sûrement un peu refroidis par l'accueil des chasseurs alpins de Pont-Saint-Louis, ils décident de les laisser tranquille pour se concentrer sur d'autres fronts. Cette grande journée de combat se passe donc sans bouleversement majeur pour le sous-lieutenant Gros et ses hommes, qui ne perçoivent que les bruits des combats au loin. En fin d'après-midi, l'ennemi capture une partie de la ville de Menton, derrière l'avant-poste de Pont-Saint-Louis. Les neuf soldats sont donc seuls et, pour renforcer leur sentiment de solitude, leur radio tombe en panne, les coupant de toute communication avec leurs alliés.

La nuit était tombée sur l'avant-poste et seuls les ronflements du soldat Chazarin venaient perturber le silence laissé par la perte de la liaison avec les alliés. À la faible lueur de la lampe à pétrole, trois hommes tenaient la garde tandis que les autres tentaient de trouver un peu de réconfort dans un sommeil aussi léger que précaire.

— Cette fois-ci, on est vraiment dans la merde! lança Petrillo[1] à Cordier. Pas de radio, pas de nouvelles[2], pas de nouvelles, pas de ravitaillement, on est cuits...

Cordier se pencha vers sa paillasse et en sortit une bouteille de vin. Il en but une gorgée et proposa la bouteille au soldat.

— Calmons-nous Petrillo, intervint le sous-lieutenant Gros. On ne sait pas ce qu'il se passe, nous pouvons très bien recevoir des renforts du cap Martin. Ça ne sera pas facile pour nos gars, mais le génie viendra et ils rétabliront la ligne. En attendant, allez me mettre un coup de pédale, je n'arrive plus à respirer et nous avons épuisé notre Cresyl[3].

---

1. Si la personnalité des soldats présents est tout à fait fictive, les noms, prénoms, métiers et provenances des alpins Petrillo et Cordier sont tout à fait exacts. Ils étaient accompagnés des soldats Chazarin, Lieutaud, Guzzi, Gapon, Bourguoin et Robert.

2. Si la radio et le téléphone de la casemate sont effectivement en panne, l'avant-poste n'est pas tout à fait sans moyen de communication car il peut toujours utiliser des fusées pour demander une frappe d'artillerie.

3. Le sous-lieutenant Charles Gros fait référence à une pénurie de Cresyl. Il s'agit d'un puissant désinfectant utilisé pendant la

— *À vos ordres lieutenant..., bougonna Petrillo en se dirigeant vers la réserve. Ça me dégourdira un peu les jambes en attendant de pouvoir sortir de ce maudit trou...*

Tout en regardant le chasseur alpin disparaître dans le couloir en enjambant les corps de ses compagnons endormis, Cordier s'adressa à son supérieur.

— *Mon lieutenant ? Vous ne pensez pas qu'ils pourraient revenir cette nuit ? Ces foutus créneaux qui nous empêchent de voir à deux mètres me rendent complètement dingue, il pourrait y avoir un Italien en train de se siroter un café à côté de la porte qu'on ne le saurait même pas...*

Charles Gros pointa nonchalamment son index vers la réserve de grenades à sa gauche.

— *Rassurez-vous, si on ne les voit pas on peut toujours les entendre.*

Il marqua un temps d'arrêt, puis demanda à Cordier le précieux nectar qui venait de passer devant ses yeux. Il admira la bouteille d'un œil avisé et vida quelques centilitres d'alcool. Un petit sourire apparut au coin de ses lèvres.

— *De la piquette, mais il faut tout de même la savourer... Dites-moi, Gaston, qu'est-ce que vous faites dans la vie ? Je veux dire en dehors des vacances*

---

guerre et jusque dans les années 1970. Sa forte odeur permettait de masquer les mauvaises odeurs en plus de nettoyer les locaux. Il semblerait que les hommes de Pont-Saint-Louis en aient reçu une livraison le 17 juin pour pallier une situation sanitaire désastreuse.

luxueuses que nous offre l'armée française dans ce magnifique blockhaus.

— Je suis cordonnier, je viens de Marseille. C'est un peu plus calme que par ici et honnêtement j'ai hâte de reprendre les affaires...

Entendant Petrillo en train de souffler de l'autre côté de la casemate, le sous-lieutenant poursuivit :

— Et Nicolas ? Vous semblez vous connaître un peu mieux que certains, tous les deux.

Cordier posa son casque sur le sol poussiéreux de la salle de tir. Il s'essuya le front et désigna d'un coup de tête le couloir.

— Petrillo, il vous dégage les oreilles plus vite que l'éclair, c'est le meilleur coiffeur de la région et la pire des mules que je connaisse pour sûr !

Charles Gros ne put retenir un petit rire, il déposa la bouteille de vin, s'avança vers le créneau de la mitrailleuse et plongea le regard vers la pénombre du pont. Soudain un masque grave effaça toute trace de la gaieté éphémère qui l'habitait quelques secondes plus tôt.

— Eh bien soit ! Je me paierai les services de M. Petrillo quand nous sortirons tous d'ici et peut-être même que je viendrai vous acheter une paire de chaussures...

Il baissa le regard vers ses propres pieds.

— Peut-être...

Le 23 mai au matin, les ennemis grouillent autour de la casemate. Les chasseurs alpins peuvent les entendre mais pas les voir. Les grenades sont envoyées par les goulottes et la mitrailleuse se fait entendre, alors que les troupes italiennes tombent en nombre. Une nouvelle fois on agite les drapeaux blancs, une nouvelle fois on ramasse les blessés et les corps. Le reste de la journée est calme, mais les hommes, eux, sont à bout de nerfs.

Le lendemain à partir de dix-huit heures, des bombardements intenses visent directement la casemate afin de la détruire, sans succès. Deux hommes sont tout de même légèrement blessés et l'angoisse des soldats français ne s'évapore qu'avec la riposte des canons de leurs alliés qui visent les Italiens.

Au petit matin du 25 mai, toujours privés de communications, les chasseurs alpins ignorent que l'armistice vient d'être signé par le maréchal Pétain. Une silhouette se dessine près de la barrière du pont, puis deux, puis trois... Un tir de mitrailleuse retentit, puis une fusée verte éclate, demandant au cap Martin une nouvelle intervention de l'artillerie. Mais rien ne vient.

Quelques minutes plus tard un autre groupe de soldats italiens s'aventure près de la casemate. Les balles jaillissent du blockhaus et emportent un homme dans la tombe. Intrigué par la nonchalance des soldats qui leur font face, le sous-lieutenant Gros donne l'ordre de tirer au-dessus de deux officiers qui s'approchent ensuite au milieu de la route. Ces derniers fuient rapidement. Enfin, près de vingt minutes plus tard, un drapeau blanc est tendu de l'autre côté du pont. Près de cent cinquante soldats accompagnés de trompettes claironnantes marchent calmement vers la casemate. Charles Gros, demandant à ses hommes de maintenir en ligne de mire les ennemis, ouvre la porte de l'avant-poste et s'avance vers les officiers italiens qui lui annoncent l'armistice. Tout d'abord récalcitrant en repensant aux ruses de ces derniers jours, le responsable est bientôt interpellé par le sergent Bourgoin qui lui indique que des officiers français viennent d'arriver et demandent à le voir.

Pour tous ces hommes, c'est non seulement un soulagement mais aussi une grande fierté d'avoir tenu ce pont pendant près de deux semaines. Durant ce combat acharné, c'est en réalité plusieurs milliers de fantassins italiens qui se lançaient à l'assaut de l'avant-poste et de ses environs, des milliers de soldats contre seulement neuf pauvres malheureux enfermés dans un bâtiment étroit avec un champ de vision réduit.

Cet exploit, loin d'être atténué par la signature de l'armistice, est rapidement reconnu par l'armée française, et le général Olry, qui dirige les troupes de l'armée des Alpes, fait citer les neuf courageux soldats à l'ordre de l'armée. Cette résistance est également saluée par les officiers italiens qui témoignent d'un profond respect pour l'acharnement des Français.

Dans les jours suivants, l'armée des Alpes est dissoute et la France entame une collaboration étroite avec les forces allemandes qui aboutit à l'occupation d'une partie du territoire français pendant près de cinq années...

J'aimerais conclure cette partie sur une note plus personnelle, en me remémorant une blague que jadis un collègue fort instruit m'avait glissée à l'oreille. Blague que je n'avais pas comprise ne connaissant pas bien le contexte historique de l'époque : « Sais-tu quelle est la spécificité des chars italiens ? Ce sont les seuls qui sont équipés de feux de recul... »

Pendant ce temps-là dans le monde...

Le 4 octobre 1930, la révolution brésilienne, menée par Getúlio Vargas, mène à l'effondrement de l'oligarchie en place. Vargas devient président, puis dictateur, et bien que son mandat soit controversé, de grandes avancées sont mises en place dans le pays comme le droit de vote pour les femmes ou le vote à bulletin secret.

Le 1er mai 1931, l'Empire State Building, un des plus célèbres gratte-ciel du monde, est inauguré à Manhattan. Il est construit en un an et quatre mois à peine, quatre étages et demi étant ajoutés chaque semaine. Près de cinq ouvriers trouvent la mort sur le chantier.

Le 15 octobre 1934, en pleine guerre civile chinoise, les forces communistes tentent d'échapper à l'armée nationaliste. C'est un périple de près de douze mille kilomètres sur une année qui attend, à travers un relief très difficile, les soldats de l'armée rouge chinoise harcelés de toute part. Des dizaines de milliers d'hommes perdent la vie pendant cette retraite et cet épisode, nommé «la Longue Marche», voit la confirmation de Mao Zedong, qui régnera sur le pays pendant de nombreuses années, à la tête du Parti communiste chinois.

Le 11 mars 1938, le parti nazi autrichien provoque un coup d'État. Le chancelier Kurt von Schuschnigg, qui tentait jusque-là de maintenir l'indépendance du pays, démissionne. Au matin du 12 mars, la Wehrmacht traverse la frontière sans rencontrer de résistance, l'Allemagne annexe l'Autriche, c'est l'Anschluss qui permet à Hitler de réunir presque tous les pays germanophones au sein du Reich.

En 1946, l'Organisation des Nations unies fraîchement créée décide de mettre en place l'OMS, l'Organisation mondiale de la santé. Le 7 avril 1948, l'OMS est fondée et a pour objectif d'améliorer par tous les moyens possibles le niveau de santé des populations du globe, quelles que soient leurs origines. La même année, l'ONU adopte la Déclaration universelle des droits de l'homme.

Conséquence directe de la Seconde Guerre mondiale, l'Organisation du traité de l'Atlantique Nord, plus connue sous l'acronyme OTAN, est créée le 4 avril 1949. L'objectif de l'organisation, qui regroupe à sa création douze pays dont la France, le Royaume-Uni et les États-Unis, est de sécuriser le territoire européen contre la montée en puissance de l'URSS mais aussi contre un éventuel retour de l'Allemagne. Elle encourage les Soviétiques à regrouper plusieurs pays au sein d'une alliance militaire via le pacte de Varsovie en 1955, poussant un peu plus le monde dans la guerre froide, amorcée en 1947.

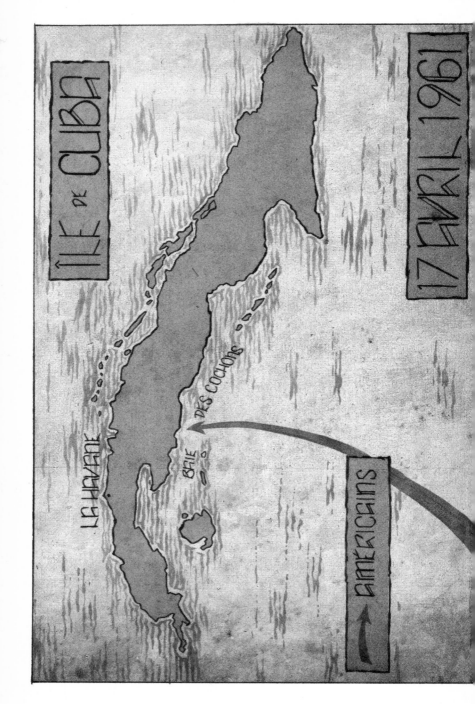

15

La baie des Cochons,
une histoire de révolutions

Au cours de son célèbre voyage, Christophe Colomb découvre en 1492 l'île de Cuba qui bascule dès lors sous domination espagnole. Assez rapidement, sa position géographique en fait une plaque tournante du commerce. Les navires transitent par l'île et embarquent au passage le tabac et le café produits sur place. Pendant des siècles, Cuba est aux mains de riches propriétaires terriens qui exploitent des esclaves afin de produire ces denrées.

Mais, en 1868, un certain Carlos Manuel de Céspedes, un de ces propriétaires terriens, décide de libérer ses esclaves afin de monter une armée. Accompagné de nombreux autres possédants, qui font de même avant de le rejoindre, il rentre directement en conflit avec les Espagnols. Son objectif : prendre le contrôle de toute l'île afin de proclamer son indépendance vis-à-vis de l'Espagne. C'est le début de la guerre des Dix Ans.

En 1869, une constitution est rédigée, la république est proclamée et Carlos Manuel de Céspedes en est élu président. Cependant cette république n'est pas reconnue par les Espagnols qui ne comptent pas lâcher si facilement leurs terres. En 1874, Céspedes est tué au combat et, en 1878, l'armée indépendantiste cubaine est vaincue. Si plusieurs centaines de milliers de morts sont à déplorer du côté cubain, cette première tentative prépare le terrain pour de nouvelles offensives qui aboutiront à l'indépendance du pays.

En 1880, les Cubains obtiennent l'abolition de l'esclavage. Une première victoire pour une grande partie de la population qui reste, malgré tout, dans une situation très précaire. En 1892, le Parti révolutionnaire cubain est créé par José Julián Martí Pérez, un homme politique déporté très jeune vers l'Espagne pour avoir dénoncé les Cubains qui s'étaient mis au service des Ibériques. Ce parti est lancé des États-Unis, où il s'est réfugié. Un pays qu'il ne manque pas de critiquer également, craignant particulièrement que les Américains puissent récupérer la régence de Cuba en situation de crise. Pérez réunit autour de lui des partisans et planifie, avec son ami le général dominicain Máximo Gómez, une action militaire contre le gouvernement espagnol.

En 1895, les forces révolutionnaires débarquent à Cuba. Elles appellent le peuple à l'insurrection et commencent un long et sanglant affrontement avec les Espagnols. Durant la bataille de Dos Ríos, près d'un mois après le débarquement, José Martí perd la vie. Les Ibériques somment tous les habitants de Cuba de quitter les campagnes et de rejoindre les villes, sous peine d'être considérés comme des rebelles. Des centaines de milliers de personnes s'entassent dans les rues et y meurent de faim.

La progression des révolutionnaires, si elle est flagrante durant les premières années, commence à stagner. La moitié de l'île est désormais occupée par les forces cubaines, tandis que l'Espagne tente par tous les moyens de sécuriser le pays. En 1897, acculée, la couronne d'Espagne propose même d'accorder une autonomie totale aux révolutionnaires s'ils acceptent de maintenir un gouverneur espagnol sur l'île. Cette proposition est refusée et le conflit continue.

Au début de l'année 1898, les États-Unis envoient un cuirassé dans la baie de La Havane pour protéger leurs intérêts. Un mois plus tard, celui-ci sombre au fond des eaux dans de mystérieuses circonstances. L'opinion publique américaine pointe du doigt les Espagnols et la guerre éclate entre les deux nations. Après quelques mois de combats aussi bien terrestres que maritimes, l'Espagne dépose les armes.

Le traité de Paris est signé, la Couronne perd non seulement Cuba mais aussi les Philippines et Porto Rico, qui passent toutes sous domination américaine. Les États-Unis maintiennent alors une présence militaire à Cuba pendant quelques années afin de permettre à la république de s'installer. Une présence mal vécue par la population qui ne comprend pas cet interventionnisme.

En 1901, l'amendement Platt, signé entre les États-Unis et Cuba, officialise autant l'indépendance cubaine que l'ingérence américaine. Il prévoit notamment de céder des terres cubaines aux Américains pour y installer une base navale, ainsi que la légitimité des États-Unis à intervenir s'ils jugent que les conditions ne sont pas réunies par le gouvernement de Cuba pour atteindre les objectifs du traité de Paris.

En 1929, le président Gerardo Machado y Morales, qui mène une politique de répression violente envers ses opposants, décide unilatéralement de prolonger son mandat sans passer par la case élection. Les décisions de ce régime dictatorial aboutissent à une révolte en 1933.

Fulgencio Batista, un fils de paysans rentré très jeune dans l'armée, est une des figures de proue de cette révolution. Il prend la tête de l'armée et devient le nouveau chef d'état-major. Cette prise de pouvoir, combinée aux nombreuses grèves qui agitent le pays, contraint Gerardo Machado à fuir vers les Bahamas.

Un nouveau gouvernement provisoire peut se construire et Ramón Grau San Martín, un opposant à Machado, est élu président de la république de Cuba. Une volonté profonde de changement et d'indépendance anime ce nouvel homme d'État. Il lance de nombreuses réformes, limite le temps de travail, officialise le droit de vote des femmes et veut nationaliser les services à la population comme l'électricité. Coup fatal à l'ingérence américaine, il abroge l'amendement Platt, ce qui est loin de plaire aux États-Unis... Ceux-ci, en étroite relation avec le chef d'état-major Batista, lui suggèrent de prendre le pouvoir et de renverser ce nouveau gouvernement qu'ils refusent de reconnaître. Batista, très influent, contraint Ramón Grau San Martín à la démission et place Carlos Mendieta, une véritable marionnette à sa solde, à la tête de l'État.

Pendant près de six ans, Batista dirige le pays dans l'ombre avant d'être élu président en 1940. À cette époque, une assemblée abolit la peine de mort, garantit l'indépendance de la presse et des libertés fondamentales, prévoit le financement des retraites, établit un salaire minimum garanti et des congés payés... Bref, Batista a le vent en poupe et les mesures présentées semblent réellement prometteuses. Pendant ce temps-là, ses relations avec les États-Unis sont toujours très étroites. Batista leur permet notamment de circuler librement sur le sol cubain et d'établir des bases navales et aériennes. En 1944, après de nouvelles élections, Ramón Grau San Martín reprend le pouvoir à Cuba. Cependant la situation du pays est catastrophique. L'administration est totalement corrompue et la grande majorité de la production du pays est exportée vers les États-Unis qui contrôlent les prix des denrées et imposent leur diktat sur l'île. La bonne volonté de Ramón ne suffit pas et, en 1948, il perd les élections.

Batista n'en a cependant pas fini avec le pouvoir et ses ambitions le poussent, en 1952, à tenter un coup d'État. Cette nouvelle dictature militaire rétablit la peine de mort, supprime le droit de grève et concentre le pouvoir dans les mains des proches de Batista et de lui-même, qui multiplie au passage son salaire par six. À cette mainmise sur les décisions du pays s'ajoute une série d'assassinats d'opposants politiques. Cela ne semble pas gêner le moins du monde les États-Unis... qui reconnaissent son régime afin de sécuriser les relations commerciales entre les deux pays.

C'est dans ce contexte extrêmement chargé en rebondissements que se constitue une force d'opposition autour de divers mouvements révolutionnaires. Un jeune avocat de vingt-sept ans, Fidel Castro, prend la tête d'une coalition d'étudiants et d'ouvriers afin de lutter contre Batista. Mais loin de croire qu'il est possible de passer par des voies régulières pour pousser le dictateur vers la sortie, Fidel Castro et ses partisans décident de lutter militairement contre le régime.

Le 26 juillet 1953, les révolutionnaires attaquent la base militaire de Moncada, à Santiago, afin de piller les réserves d'armes et d'équiper leurs forces. L'assaut se heurte à la résistance de l'armée, Castro est capturé, jugé et condamné à quinze ans de prison. Il est cependant libéré en 1955 lorsque Batista lance une vague massive d'amnisties dans le pays.

En compagnie de son frère Raúl Castro, Fidel rejoint le Mexique pour préparer sa prochaine opération.

Le 2 décembre 1956, Raúl et ses hommes débarquent à Cuba pour rejoindre leurs partisans. Parmi eux, un certain Ernesto Rafael Guevara, plus connu sous le nom de Che Guevara, qui devient par la suite commandant de cette armée révolutionnaire. Malheureusement pour Castro, l'armée de Batista n'est pas née de la dernière pluie et attend ses adversaires de pied ferme sur la plage. La très grosse majorité des révolutionnaires sont tués ou exécutés, tandis que Fidel se réfugie avec Ernesto Guevara dans les montagnes de la Sierra Maestra. Cependant le vent commence à tourner pour Batista qui voit ses soutiens américains prendre de plus en plus de distance avec lui, notamment à cause de la violence de son régime.

En outre, un journaliste du *New York Times* vient à la rencontre de Castro, décrivant ces révolutionnaires qui vivent dans les montagnes et qui veulent reprendre le pouvoir face à la dictature. L'aura de Fidel Castro s'en trouve considérablement renforcée et l'opinion publique américaine, autant que cubaine, se rallie massivement à sa cause. Cet article a aussi un effet profondément positif sur les courants révolutionnaires qui jusque-là n'arrivaient pas à s'entendre. Ainsi le mouvement de Castro, qui pense que la guérilla est le seul moyen d'arriver à ses fins, se rapproche enfin des électoralistes qui, eux, préfèrent passer par des voies légales pour pousser Batista vers la sortie.

Après de nombreux affrontements entre les armées régulières et révolutionnaires, le dictateur est contraint de fuir le pays à la fin de l'année 1958. Fidel Castro est considéré comme un héros national, un gouvernement provisoire est mis en place suivant la Constitution de 1940 (et ses nombreux progrès sociaux évoqués plus tôt). Les États-Unis reconnaissent immédiatement ce nouveau gouvernement qui doit assurer la transition démocratique sur les dix-huit prochains mois. Fidel Castro est élu Premier ministre le 16 février 1959 sous la présidence de Manuel Urrutia Lleó, un juge qui avait lutté contre Batista. Fidel Castro revient bien vite sur la Constitution de 1940 qui le gêne, notamment dans la traque des partisans de Batista. Il abolit donc la Constitution et de nombreux procès sont intentés aux anciens hommes d'armes du dictateur. La peine de mort étant de fait rétablie, une véritable purge est mise en place et tous ceux qui ne vont pas dans le sens du héros sont « écartés ».

Une fois « sa » justice rendue, Castro entreprend de nombreuses actions qui bénéficient au peuple. Il redistribue des terres aux paysans, baisse les prix des loyers, de l'électricité, du téléphone et a pour volonté de rendre l'accès à l'éducation et aux soins gratuit pour tous. Il revoit totalement l'organisation du pays et forme l'Institut national de la réforme agraire (INRA), qui divise le pays en vingt-huit zones. Cet institut, totalement dirigé par Fidel Castro, doit gérer dans chacun de ses territoires sa politique et son application. Cependant d'anciens compagnons de Castro, ainsi que des membres du gouvernement provisoire, voient d'un mauvais œil le fait que Fidel centralise tout le pouvoir autour de sa personne. Ils exigent des élections pour mettre fin au gouvernement provisoire et commencent à attaquer politiquement Castro. Ce dernier est habile politicien et il sait qu'il bénéficie du soutien populaire. Il démissionne le 17 juin 1959 et met en cause le président Urrutia, qu'il accuse de ralentir la progression des réformes voulues par la révolution. En peu de temps Urrutia est obligé de démissionner, remplacé par un nouveau candidat propulsé par Che Guevara et Raúl Castro. Fidel est réélu Premier ministre, il a désormais les mains libres pour accomplir ses projets et les relations avec les États-Unis ne vont pas tarder à se dégrader avec ses prises de position. Il nationalise et expulse ainsi toutes les entreprises américaines du pays pour reprendre le contrôle sur la production de sucre, de pétrole, sur la gestion des transports, etc. Il semble que Fidel Castro veuille enfin se libérer du contrôle que les Américains exercent indirectement sur le pays depuis de nombreuses années. Alors que les tensions se renforcent, des opposants hostiles à son régime profitent de cette période pour trouver refuge aux États-Unis. Les Américains voient en ces réfugiés l'occasion idéale de pouvoir reprendre le pouvoir sur Cuba, qui représente une terre stratégique pour eux, puisque le gouvernement cubain semble se rapprocher de l'URSS via des négociations commerciales menées par Che Guevara. Dans un contexte de guerre froide, un basculement de Cuba du mauvais côté de la barrière pourrait en effet représenter un danger pour les États-Unis.

Le président américain Dwight David Eisenhower autorise la CIA à payer et former ces anticastristes dans le plus grand secret. Au total, près de mille cinq cents hommes forment la Brigade 2506. Des batististes, des anciens militaires, mais aussi des révolutionnaires déçus par la prise de pouvoir de Castro. Formés au Guatemala, ces rebelles ont pour objectif de débarquer sur le sol cubain, de rallier la population à leur cause et de proclamer un gouvernement provisoire que les États-Unis pourrait s'empresser de reconnaître afin de leur apporter officiellement leur aide. Chapoté dans l'ombre par Richard Nixon, qui est convaincu de gagner les prochaines élections américaines, le lancement de l'opération *Zapata* est prévu pour le mois d'avril 1961. Cependant, au grand étonnement de Nixon, c'est cette année-là John Fitzgerald Kennedy qui remporte les élections américaines. Héritant de cette situation délicate, le jeune président doit alors poursuivre les préparatifs et mener à bien l'offensive rebelle.

La première phase du plan de l'opération consiste à envoyer des avions américains bombarder les bases aériennes cubaines afin de détruire leur aviation. Pourtant Kennedy sait que tous les yeux sont braqués sur lui et il hésite à engager ses forces, même sous couvert. S'il est découvert, l'URSS n'aurait aucun mal à exercer des représailles contre Berlin-Ouest, alors sous contrôle américain. Il n'envoie finalement qu'une petite partie des avions prévus en mission, tous camouflés sous les couleurs de l'aviation cubaine.

Le 15 avril 1961, plusieurs bombardements détruisent une partie des sites, et donc des avions, de l'armée cubaine. Le gouvernement cubain se doute qu'un débarquement est alors imminent, et il lui reste suffisamment d'hommes et d'aviation pour faire face. Le lendemain, Castro évoque pour la première fois dans un discours la nature profondément socialiste de son gouvernement. Une façon de marquer clairement la frontière avec les États-Unis et de leur signifier qu'il n'est pas dupe de leur implication dans le bombardement.

Dehors on entendait la foule, bruyante, se masser pour écouter le discours du « lider ». Des cris, des murmures, des exclamations, des regards échangés, l'ambiance était électrique. Castro, lui, était déterminé et attendait de monter sur l'estrade pour haranguer le peuple. À côté de lui, Ernesto, un cigare à la bouche, recrachait une fumée opaque qui s'évaporait lentement, laissant flotter dans l'air une odeur de tabac que connaissait bien Fidel.

— Aujourd'hui tes paroles rentreront dans l'Histoire comme celles de l'homme qui a eu le courage de s'opposer aux impérialistes américains.

Un pays si petit et si grand à la fois, qui s'oppose à un géant..., songea Ernesto.

Il fit semblant d'écrire dans les airs.

— *Les Occidentaux titreront bientôt «David contre Goliath» en mettant ta photo dans leurs journaux.*

Castro se retourna vers son compagnon.

— *Peu m'importe les titres des journaux, aujourd'hui nous affirmons surtout notre révolution socialiste. Socialiste, Ernesto[1]. L'attaque est imminente, j'en ai eu la confirmation. Nous serons prêts à repousser l'envahisseur, nous serons prêts à l'affirmer aux yeux du monde, cette révolution du peuple, car il combattra avec nous et nous avec lui.*

Il marqua une pause. Il croisa ses mains dans son dos et regarda vers la mer.

— *Je veux que tu partes pour Pinar del Río afin de préparer la défense des plages. Je resterai à La Havane. Désormais nous devrons éviter de nous rassembler trop souvent au même endroit avec Raúl. La CIA serait bien trop heureuse de voir une opportunité de se débarrasser de nous tous d'un seul et même coup...*

Ernesto approuva de la tête.

---

1. Le discours du 16 août 1961 est considérablement long, mais la citation complète que retiendra l'Histoire est la suivante : «Ce que les États-Unis ne peuvent nous pardonner, c'est d'avoir fait une révolution socialiste juste sous leur nez. Cette révolution socialiste, nous la défendons avec ces fusils. Cette révolution socialiste, nous la défendons avec le courage que nos artilleurs anti-aériens, hier, ont montré en criblant de balles les avions agresseurs. Et cette révolution, nous ne la défendons pas avec des mercenaires, nous la défendons avec les hommes et les femmes du peuple.»

— Et Juanita[1] ?

— Elle n'en fait toujours qu'à sa tête, après sa discussion avec Raúl, ça lui passera. J'espère. Enfin... il est temps !

Castro fit un signe de tête en direction de son camarade et se dirigea vers les marches de l'estrade. Oui, cette journée, et celles qui viendront, marquera les mémoires...

Dans la nuit du 16 avril 1961, les forces de la brigade 2506 embarquent au Nicaragua sur des navires, direction Cuba. Cependant le site de débarquement initial est modifié au dernier moment et les embarcations doivent désormais accoster dans la baie des Cochons, dans l'ouest de l'île. La zone n'est pas bien connue des services américains et l'avancée des navires se fait totalement à découvert. Les récifs, invisibles sous la surface de l'eau à cette heure tardive, ont raison de plusieurs embarcations qui s'échouent avant même que les hommes aient un pied à terre. L'alerte est donnée rapidement, les rebelles débarquent sur deux plages voisines et essuient le feu nourri des locaux. La région dans laquelle ils ont

---

1. Pendant de nombreuses années, la CIA tente de mettre fin au régime de Castro et commandite plusieurs assassinats de personnalités politiques cubaines. L'élimination du trio politique des frères Castro et de Che Guevara aurait pu porter un coup fatal au régime cubain. Dans les années 1960, Juanita, la propre sœur de Fidel Castro, devient une espionne pour le compte des États-Unis, conspirant contre ses frères tout en voulant leur éviter la mort.

accosté est en effet une région paysanne pro-Castro qui a bénéficié de ses réformes. Le soutien populaire attendu n'est donc pas au rendez-vous et rapidement toutes les troupes cubaines convergent vers la plage. L'aviation cubaine, encore en partie opérationnelle, fonce sur les navires et coule certains d'entre eux. Malgré quelques canons et chars, les rebelles sont acculés.

Après trois jours de combats désespérés, bloqués sur ces plages sans possibilité de fuite, ils décident de se rendre. L'opération est un échec total et près de mille deux cents hommes sont capturés. Le triomphe de Fidel Castro face aux Américains est très embarrassant pour le président Kennedy qui, après avoir nié son implication dans cette tentative de renversement du pouvoir cubain, avoue sa défaite au monde entier. Plusieurs pays condamnent ouvertement son attitude et Castro, toujours bon communicant, décide d'organiser un procès très médiatisé des rebelles de la baie des Cochons. Au terme de ce « spectacle », Fidel Castro demande aux États-Unis plus de 50 millions de dollars de nourriture et de médicaments en échange de prisonniers. Cet acte symbolique sert la légende du leader cubain, qui loin d'être intéressé par l'argent en tant que tel préfère se soucier directement de son peuple (c'est du moins l'image qu'il veut renvoyer au monde).

Au-delà de cette humiliation infligée aux États-Unis, Fidel Castro profite également de sa position de force pour annoncer que son régime est communiste.

Il se rapproche grandement de Nikita Sergueïevitch Khrouchtchev, le président du Conseil des ministres de l'URSS, avec lequel il s'affiche publiquement. Dans un contexte de guerre froide, les États-Unis se méfient plus que jamais de Cuba. Un embargo commercial est d'ailleurs mis en place par les États-Unis sur Cuba le 3 février 1962 et est toujours en place au moment de l'écriture de ces lignes, en 2016, ce qui pèse fortement sur la société cubaine. Castro, en accord avec Khrouchtchev, fait installer secrètement une base de lancement de missiles sur l'île en 1962, donnant de fait un moyen de pression direct de l'URSS sur les États-Unis. Ce dispositif est cependant rapidement découvert par les Américains, qui n'hésitent pas à communiquer publiquement dessus et à menacer Cuba de représailles si la base de lancement n'est pas démantelée. Cet épisode, connu sous le nom de «crise des missiles», est une des crises les plus importantes de la guerre froide. La persévérance du président Kennedy et le recul de Khrouchtchev, pourtant poussé par Fidel Castro à ne pas céder, leur permettent d'éviter ainsi une troisième guerre mondiale et, potentiellement, un conflit nucléaire.

Pendant ce temps-là dans le monde...

Le 12 avril 1961, le fils d'un charpentier et d'une livreuse de lait, Youri Gagarine, devient le premier homme à voler dans l'espace. Cet aviateur, choisi pour ses aptitudes exceptionnelles en vol, doit également sa place dans le programme spatial soviétique à sa petite taille. En effet, Youri Gagarine, qui mesure un mètre cinquante huit, est plus à l'aise que ses compatriotes dans le module de vol qui ne peut accepter qu'un homme d'un mètre soixante-quinze maximum. Son exploit sert grassement la propagande de l'URSS et l'enferme à tout jamais dans le rôle d'un héros de la nation. Lorsque l'avion qu'il pilote se crashe en 1968, la raison officielle de sa mort expose qu'il préférera se crasher en guidant son appareil malgré une défaillance matérielle plutôt que de s'éjecter et de faucher une école en contrebas.

Après la victoire des Alliés au terme de la Seconde Guerre mondiale, Berlin est divisé en quatre grands secteurs. Le français, l'anglais et l'américain dans l'ouest de la ville, qui font parti de la République fédérale d'Allemagne (RFA), et le russe dans l'est, rattaché à la République démocratique d'Allemagne (RDA). Les politiques sociales et économiques étant dirigées par les pays vainqueurs du conflit, certaines inégalités se creusent entre les habitants de Berlin-Est et Berlin-Ouest. Dans les années 1960, les résidents de la RDA sont nombreux à tenter leur chance en RFA, et les Soviétiques craignent qu'il ne reste bientôt plus grand monde pour défendre et occuper leur territoire si chèrement acquis. Dans la nuit du 12 au 13 août 1961, l'armée et la police de la RDA condamnent toutes les voies de circulation, tandis que des maçons érigent une barrière de grillage et de fils barbelés autour de Berlin-Est. Bientôt, c'est un mur physique qui empêche toute évasion de cette partie de la ville, et pendant près de vingt-huit ans il symbolise la frontière entre deux pensées, deux visions du monde. Il marque également la division, celle d'un peuple déchiré après un conflit d'ampleur mondiale dont il est sorti grand perdant.

Après la guerre d'Indochine, qui se termine en 1954 et qui voit la fin de l'empire colonial français en Asie, le Viêtnam est divisé en deux. Le Nord est tenu par des communistes révolutionnaires, et le Sud par des nationalistes dirigés par le Premier ministre Jean-Baptiste Ngô dình Diệm, qui réussit à prendre la tête de la région via un coup d'État en 1955. Les États-Unis, qui ne veulent pas perdre cette tête de pont précieuse en Asie, soutiennent alors le régime du dictateur afin de ne pas laisser davantage de territoire aux communistes. C'est le début de la guerre du Viêtnam. Si l'implication des Américains sur le territoire est d'abord discrète, privilégiant les manœuvres politiques et quelques opérations militaires, ils renforcent grandement leur présence à partir de 1965 en envoyant plus de trois millions de soldats à la guerre. Une guerre qui se solde finalement par une défaite des États-Unis et par l'unification du Viêtnam sous le régime communiste en avril 1976.

Pour aller plus loin

Pour aller plus loin sur chacun des sujets abordés, il est possible de consulter les œuvres suivantes. Dans certains cas, le manque d'ouvrages en français m'a poussé à vous suggérer des livres en anglais.

1. Marathon, une course contre la montre

Baslez, Marie-Françoise, *Histoire politique du monde grec antique*, Nathan, 1994.

Brun, Patrice, *La Bataille de Marathon*, Larousse, 2009.

Hanson, Victor Davis, *Les Guerres grecques : 1400-146 av. J.-C.*, traduit par Laurent Bury, Autrement, 2000.

2. Tyr contre l'Empire macédonien

Arrien, *Histoire d'Alexandre. L'anabase d'Alexandre le Grand et l'Inde*, traduit par Pierre Savinel, Minuit, 1984.

Mosse, Claude, *La Destinée d'un mythe*, Payot & Rivages, 2001.

3. Hattin, le temps de croisades

Edde, Anne-Marie, *Saladin*, Flammarion, 2012.

Grousset, René, *L'Épopée des croisades*, Perrin, «Tempus», 2002.

Prawer, Joshua, *La Bataille de Hattin*, *Israel Exploration Journal*, vol. 14, n° 3, 1964.

4. Courtrai, panique chez les nobles

Guillaume, Henri et Moke, Philippe, *Mémoire sur la bataille de Courtrai, dite aussi de Groeninghe et des éperons*, Académie royale de Belgique, 1845.

Pirenne, Henri, *La Version flamande et la version française de la bataille de Courtrai*, Hayez, 1890.

Van Caenegem, Raoul (sous la direction de), *1302, le désastre de Courtrai : mythe et réalité de la bataille des Éperons d'or*, Fonds Mercator, 2002.

5. Azincourt et la guerre de Cent Ans

Funk-Brentano, Franz, *Les Origines de la guerre de Cent Ans : Philippe le Bel en Flandre*, Honoré Champion, 1896.

Keegan, John, *Anatomie de la bataille*, Robert Laffont, 1993.

Paladilphe, Dominique, *La Bataille d'Azincourt*, Perrin, 2002.

Toureille, Valérie, *Le Drame d'Azincourt*, Albin Michel, 2015.

6. Otumba, le périple de Cortés

Hosotte, Paul, *La* Noche Triste. *La dernière victoire du Peuple du Soleil*, Economica, 1993.
Robertson, William, *Histoire de l'Amérique*, 1777.

7. Gravelines, l'Armada d'eau douce

Blond, Georges, *L'Invincible Armada*, Omnibus, 1988.
Douglas, Ken, *The Downfall of the Spanish Armada in Ireland*, Gill & Macmillan, 2009.

8. Myong-Yang, la naissance d'un héros

Han, Jun-seo et Lee, Seong-ju, *Immortal Admiral Yi Sun-shin*, série coréenne en 104 épisodes, 2004-2005.
Hawley, Samuel, *The Imjin War: Japan's Sixteenth-Century Invasion of Korea and Attempt to Conquer China*, Royal Asiatic Society-Korea Branch, 2005.
Stephen Tumbuli, *Samurai Invasion : Japan's Korean War 1592-1598*, Cassel, 2002.

9. Culloden, la dernière marche pour le trône

Carey, David, *Édouard en Écosse, ou La bataille de Culloden*, t. 2, traduit par le Bon Vel, Hachette, 2013.
Preeble, John, *Culloden*, Pimlico, 1962.

10. La Wabash et l'expansionnisme américain

Marienstras, Élise, *La Résistance indienne aux États-Unis du XVIe au XXIe siècle*, Gallimard, 2014.

Pictet, Jean, *L'Épopée des Peaux-Rouges*, Favre, 1988.

11. Le port du Helder au fil de l'eau

Durschmied, Erik, *The Weather Factor. How Nature Has Changed History*, Arcade Publishing, 2001.

Jomini, Antoine Henri, *Histoire critique et militaire des guerres de la Révolution*, Anselin et Pochard, 1819.

12. Isandhlwana, lances contre fusils

Ajayi, J. F. A. (sous la direction de), *Histoire générale de l'Afrique*, vol. 4, Paris, UNESCO, 1996.

Knight, Ian, *The Anatomy of the Zulu Army, from Shaka to Cetshwayo 1818-1879*, Greenhill Books, 1999.

Morris, Donald R., *The Washing of The Spears: The Rise And Fall of the Zulu Nation*, De Capo Press, 1998.

13. Zanzibar, une guerre minutée

Brunschwig, Henri, *Histoire de la colonisation*, SDMOM, 1953.

Owens, Geoffrey R., *Journal of Colonialism and Colonial History*, «Exploring the Articulation of

Governmentality and Sovereignty: The Chwaka Road and the Bombardment of Zanzibar, 1895-1896», Johns Hopkins University Press, vol. 7, n° 2, 2007.

Patience, Kevin, *Zanzibar and the Shortest War in History*, Kevin Patience, 1994.

14. Pont-Saint-Louis, la résistance française avant l'heure

Cima, Raymond, Cima, Bernard et Truttmann, Michel, *La Glorieuse Défense du pont Saint-Louis*, Autoédition Cima, 2014.

Lormier, Dominique, *La Bataille de France jour après jour : mai-juin 1940*, Le Cherche Midi, 2010.

Rochat, Giorgio, «La campagne italienne de juin 1940 dans les Alpes occidentales», traduit par Anne Pilloud, *Revue historique des armées*, n° 250, 2008.

15. La baie des Cochons, une histoire de révolutions

Alarcon, Ramirez, *Vie et mort de la révolution cubaine*, Fayard, 1996.

Haynes, Johnson, *La Baie des Cochons. L'invasion manquée de Cuba : 17 avril 1961*, traduit par Jacqueline Hardy, Robert Laffont, 1964.

Machover, Jacobo, *Anatomie d'un désastre : baie des Cochons, Cuba, avril 1961,* Vendémiaire, 2011.

Remerciements

Cet ouvrage est le résultat d'un travail de longue haleine que je n'aurais jamais pu accomplir sans le soutien de ma famille et de mes amis. C'est ainsi que j'aimerais particulièrement remercier Annie, Hélène, Romain, Xavier, Vled, Mendax, Lex, David et Frédéric pour leur aide sur la relecture des chapitres et sur les conseils qu'ils ont pu me donner quand j'ai décidé de me lancer dans cette aventure.

Un salut tout particulier s'impose à Morgane et Mathieu qui m'ont prêté certains ouvrages nécessaires à mes recherches. Pouvoir compter sur votre enthousiasme m'a énormément touché.

Merci à Guile pour sa bonne humeur et ses talents de graphiste.

J'aimerais également remercier Fabienne, ma mère, qui est sans doute ma première lectrice et qui m'a encouragé tout au long de l'écriture.

Un énorme merci à tous les internautes sans qui jamais rien de tout cela n'aurait pu être possible.

Qui aurait cru, il y a encore deux ans, que j'aurais la chance de pouvoir publier un livre sur un sujet qui me passionne ? C'est grâce à votre énergie et à votre soutien que Nota Bene a pu se développer et que j'ai eu la chance de multiplier les projets. Ce livre en est pour l'instant l'aboutissement et je compte continuer mes efforts aussi longtemps que vous aurez la patience de me suivre.

Merci à Robert Laffont, ainsi qu'à Roman, pour cette opportunité. Je suis bien conscient qu'il s'agit là d'un grand privilège. Je n'en reviens toujours pas de la liberté totale qui m'a été laissée dans la réalisation de ce projet.

À Nico et Romain, qui m'ont aidé sur la production de Nota Bene pendant plusieurs mois, je voudrais également adresser mes plus sincères remerciements. Plus que de simples connaissances, vous êtes de vrais amis.

À Arcady qui m'a accompagné durant de nombreux mois, je voulais manifester ma plus vive sympathie et ma profonde gratitude d'avoir accepté de réaliser les illustrations du livre. À chaque planche reçue, j'étais heureux comme un enfant qui ouvre ses cadeaux de Noël.

Enfin, je remercie du plus profond de mon cœur ma femme, Calie, qui m'a motivé chaque jour, qui a supporté mes humeurs et mes longues journées de travail. Sans elle, il aurait été beaucoup plus compliqué de mener à terme ce beau projet et son amour est de loin le plus beau des soutiens que j'ai eu la chance de recevoir.

Benjamin Brillaud

REMERCIEMENTS

À ma mère pour m'avoir montré la porte, à Philippe pour l'avoir ouverte.

À Laurent et Thibaud pour les opportunités et, bien sûr, à Benjamin pour m'avoir écouté.

Arcady Picardi

Table

La photocomposition de cet ouvrage
a été réalisée par
GRAPHIC HAINAUT
59410 Anzin

Achevé d'imprimer en octobre 2016
dans les ateliers de Normandie Roto Impression s.a.s.
61250 Lonrai
Dépôt légal : octobre 2016
N° d'édition : 55834/02 – N° d'impression : 1604630

Imprimé en France